自分のタイプを知って
無理なく最速痩せ！
リバウンドもゼロ！

骨格ポジショニングダイエット

町田洋祐
ドリーメイク株式会社 代表取締役
パーソナルジムZilch（ヂルチ）代表

合同フォレスト

はじめに

ジムに1年通って痩せられないわけ

「毎日ランニングしたのに、1キロも痩せませんでした……」

「あらゆるダイエットを試したのですが、効果のある方法が見つかりませんでした……」

私のジムを訪ねてこられる方の多くは、このような「ダイエット難民」です。そして、二言目には、ほぼ全ての方が共通して次のように言います。

「私は自分に甘いんです」

しかし、実は、痩せない原因に「自分に甘いか、厳しいか」は全く関係ありません。ダイエットに失敗するいちばんの原因は、「骨格に合ったエクササイズをしていないこと」なのです。

骨格のタイプは人それぞれ違います。そして、骨格タイプによって、各人で使えていない筋肉があります。その筋肉を鍛えずにさまざまな運動をしても、ダイエット効果はさほど上がらないことがよくあるのです。

たとえば、ランニングです。

「骨格タイプ別の使えない筋肉」があると、そこの部分をかばいながら走ることになります。フォームの崩れた状態で有酸素運動をすると、体に負担がかかり、しかも脂肪燃焼の効率は著しく落ちてしまうというわけです。

本書は、「骨格別のトレーニング法」を基にして痩せる方法をご紹介した本です。

骨格に合わせたトレーニングをすれば、今までダイエットに挫折し続けてきた方でも、間違いなく効率的に痩せることができます。

この方法を、本書では「骨格ポジショニングダイエット」と呼んでいます。次のような方は、ぜひ本書を参考にしていただきたいと思います。

・ジムに通っているのに全然痩せない
・ユーチューブのエクササイズ動画を見て、自宅で筋トレをしているのに効果が出ない
・加齢による代謝低下を「仕方ない」と諦めている

・そもそも運動が嫌い
・「ダイエットジプシー」になっている
・「食事を抜いて痩せる→リバウンド」を繰り返している
・サプリメントにすぐ手を出してしまう

今まで諦めていた人でも、「骨格に合ったトレーニング」をすることで無理なく痩せることができます。まさに、「骨格を制する者はダイエットを制す」なのです。

1000人のトレーニング指導から「骨格ポジショニングダイエット」が生まれた

はじめまして、町田洋祐《まちだようすけ》と申します。

私はこれまで、1000人を超える整体の患者様及びジムのお客様のトレーニングサポートをさせていただきました。

その経験の中で、「骨格ポジショニングダイエット」という、体に負担がかからず最速で痩せられ、しかもリバウンドしない最強のダイエット方法を編み出しました。

ここではまず、「骨格ポジショニングダイエット」の開発の経緯について、少しお話をさせていただきたいと思います。

スポーツ整体を学んだ私は、整体院にて数多くの「痛みのある患者さん」を施術させていただきました。たとえば、股関節や膝に人工関節が入っていたり、片足が義足だったりするような患者さんです。

そのような重症患者さんたちには、共通点がありました。

それは、どんな方でも「4つの骨格」のいずれかに属しているということです。そして、骨格タイプごとに「ここの筋肉をほぐせば痛みが軽減する」ということがわかってきました。ただし、それによって痛みが軽減はしても「完全になくなる」わけではありませんでした。

そこで、骨格別に、使えていない筋肉を鍛えるというトレーニング指導をしました。骨格に合わせた筋トレをすると、患者さんの姿勢がみるみるよくなっていきました。可動域も増え、見違えるように体をスムーズに動かせるようになっていったのです。

さらに、患者さんたちの立ち姿がすっきりしていきました。

「これをダイエットに応用したら結果が出るのではないか……」

大手ジム所属のフリーランス・トレーナーも兼任していた私は、「骨格別のトレーニング」をそこでも指導することにしました。すると、お客様は次々と目標体重を達成するようになっていったのです（骨格別のトレーニングによって痩せる仕組みについては本書の第2章で詳しくご説明します）。

いつしか私は、「売上全国No・1」のトレーナーになっていました。

私は後に数店舗のジムを経営するようになりましたが、そのいずれの店でも「骨格ポジショニングダイエット」は大好評でした。おかげさまで、いつもリピーター様の予約であふれ、新規のお客様をなかなかお迎えできない状況になっています。

第3章で事例としてご紹介しますが、「骨格ポジショニングダイエット」の成功者は次のような結果を出しています。

・2カ月で6キロ減の結果、出不精を解消して登山の趣味を開始（30代女性）
・4カ月で10キロ減の結果、「ママ、きれいになったね」と息子に言われ、ママ友からも注目の的（40代女性）

・4カ月で16キロ減の結果、「20代のころの服」を着て日本全国旅行（60代女性）

本書を参考に、あなたもぜひこれらの方々に続いてください。

痩せる、若返る、着たい服が似合うようになる、関節の可動域が増えて体が軽くなる……などの結果が得られ、まさに「踊るように」楽しい人生を送れるようになるはずです。

タイプ別「ラク痩せ」を叶える「骨格ポジショニングダイエット」

日本全国で、ダイエットに挫折したことがある女性はダイエット実行者の9割にものぼります。なぜこれほどダイエットの挫折者が多いのかというと、前述しましたが「骨格に合ったエクササイズ」が世の中に浸透していないせいだと私は思います。

この本を手に取られたあなたはラッキーです。それは、「骨格ポジショニングダイエット」という「ラク痩せを叶える唯一無二の方法」に出会うことができたからです。

お伝えしたとおり、私は1000人のトレーニング指導を行うことを通して、骨格を大きく4つのタイプに分類した独自のダイエット方法を見出しました。近年では多くのトレーナーさんや整体師さんも、骨盤姿勢には注目しているので、似たような分類を見かけることがあるかもしれません。

私の10年間にわたる「数多くの方々の驚異的なダイエット結果を出すに至った骨格の研究と実績」に基づく4分類は次のとおりです。

1　フォワードタイプ（反り腰）

ヒールを履く方に多く、反り腰、出っ尻などといわれる姿勢です。腹筋を使うことが苦手で、お腹がたるみやすいという特徴があります。

2　スウェーバックタイプ

日本人にいちばん多く、最も姿勢が悪く見られがちな姿勢です。下腹部が前に突き出るため、痩せてもお腹が出ている、いわゆる〝ぽっこりお腹〟に見えてしまいます。

3　ストレートアーチタイプ

一見すると姿勢がいいと思われがちですが、背骨に緩やかな湾曲がなく、まっすぐになっているタイプです。メリハリのない体で、お尻がたるみやすくなります。

4　スパイラルタイプ

腰の高さ、骨盤の高さが左右で違うタイプ。正しく筋肉が使えないため、運動効果が落ちやすくなります。

本書では、あなたの骨格タイプを診断するチャートや骨格の特徴を示したチェックシート、豊富な図解などにより、これら4分類の骨格をより詳しく解説します。さらに、骨格に合わせたストレッチ&筋トレの方法なども写真とともに紹介し、あなたがラク痩せ体質になることを後押しします。

まずは、本書の冒頭に掲載した「骨格タイプ診断」を行って、あなたの骨格タイプを確かめてください。

「骨格ポジショニングダイエット」は、各タイプにおいて最も体に負担のない位置に骨を戻し、脂肪を減らすことも含めて、まさに体を「自由自在」に操ることができるようになる方法です。

「思いどおりの人生」は、まず「思いどおりの体づくり」から。
見た目が変わり、自信を持つことができ、疲労が減ってメンタルの不調もなくなる人生の第一歩を、「骨格ポジショニングダイエット」とともに歩み始めましょう。

町田洋祐

骨格タイプ診断チャート

あなたの骨格タイプをチェック！

★それぞれの骨格タイプの特徴は第2章で詳しく解説します。

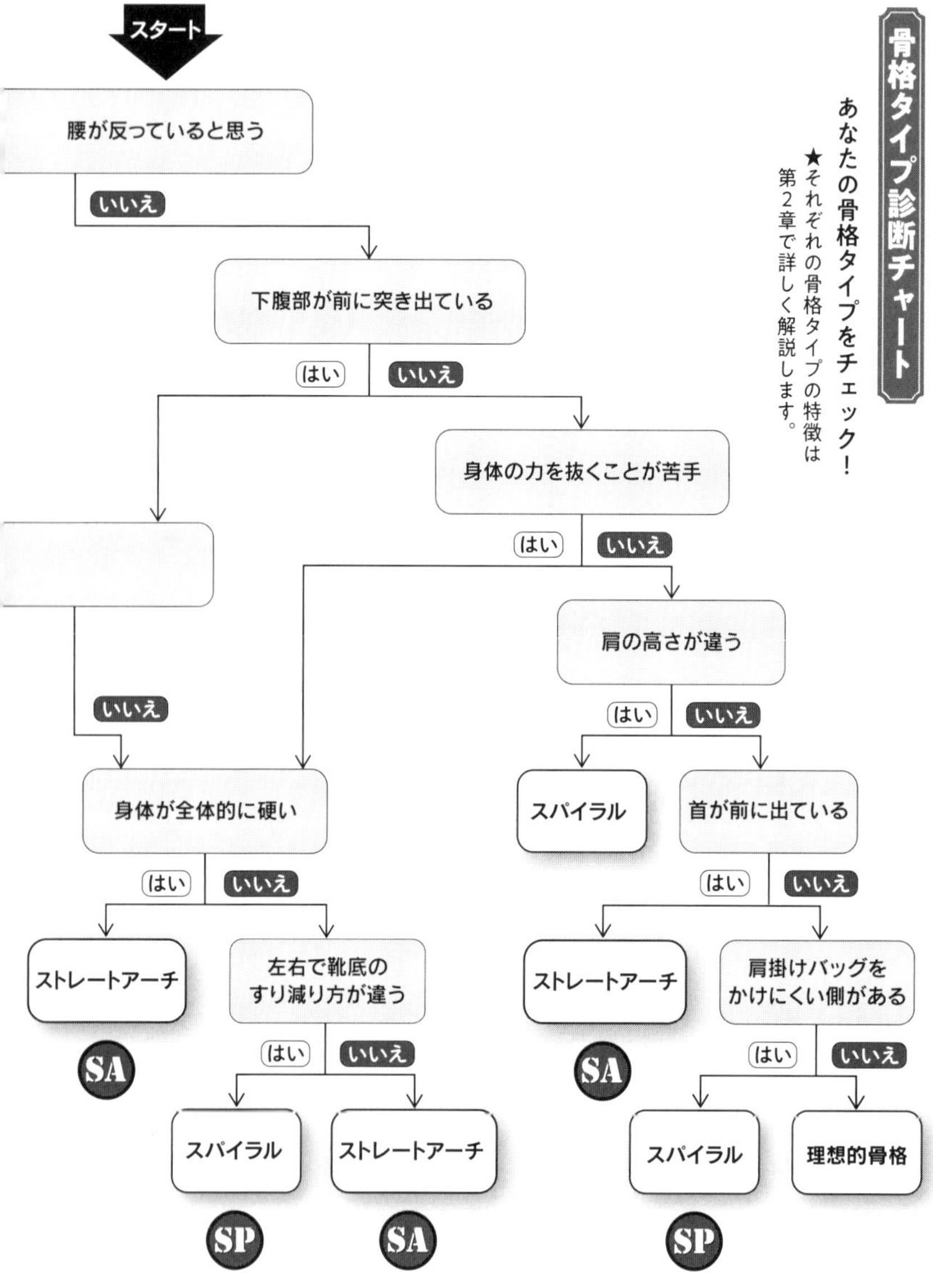

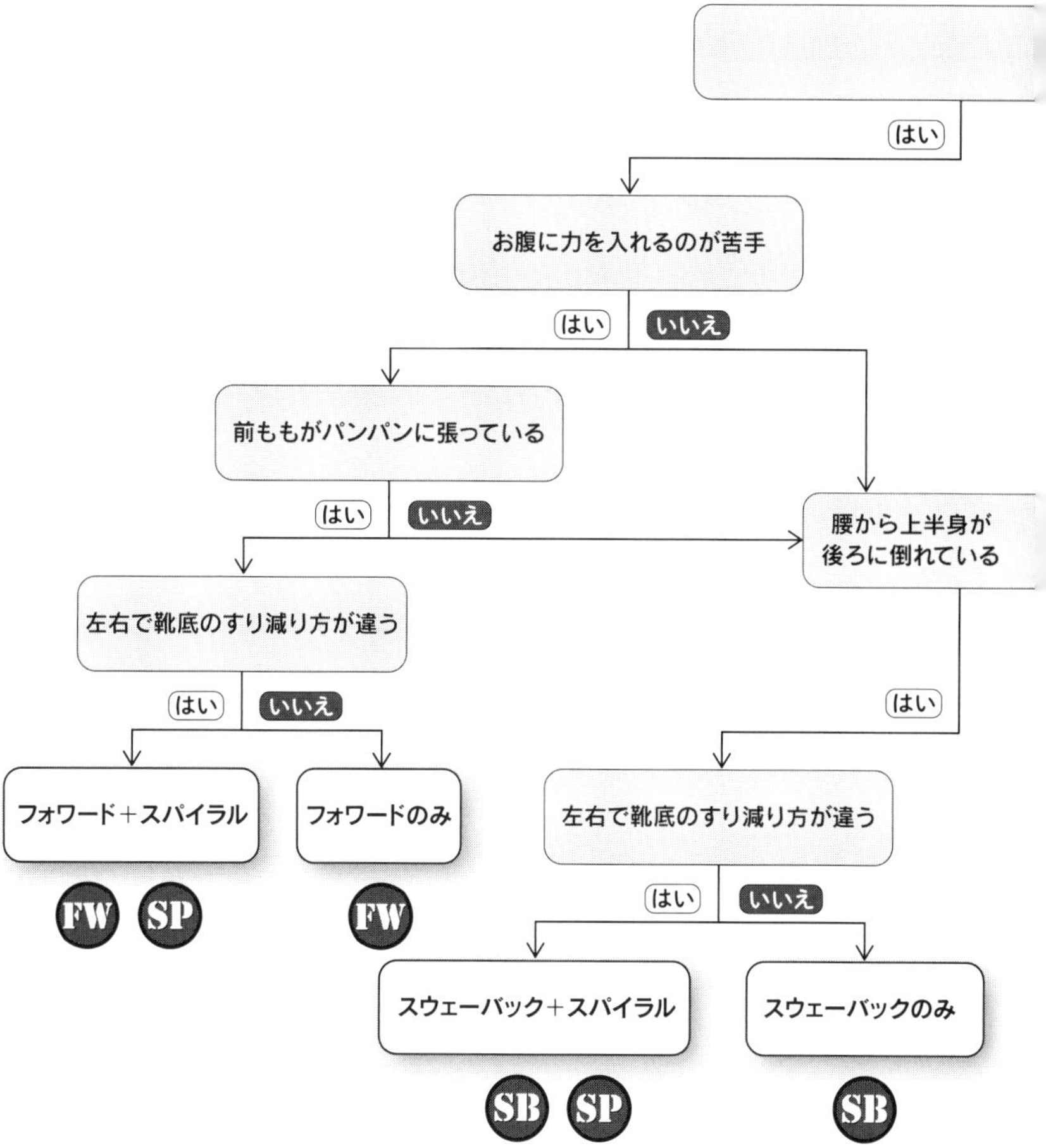
はい
お腹に力を入れるのが苦手
はい
いいえ
前ももがパンパンに張っている
はい
いいえ
腰から上半身が後ろに倒れている
左右で靴底のすり減り方が違う
はい
いいえ
フォワード＋スパイラル
FW SP
フォワードのみ
FW
はい
左右で靴底のすり減り方が違う
はい
いいえ
スウェーバック＋スパイラル
SB SP
スウェーバックのみ
SB

もくじ

はじめに　3

第1章
あなたはなぜ「万年ダイエットジプシー」なのか？

8割の女性が「万年ダイエッター」　22
情報の洪水が「ダイエットジプシー」を生む　25
「ひとりダイエット」が三日坊主になる2つの理由　28
「もう、痩せられない」と決めつけていませんか？　31
仕事・家事・子育てで「体力はすでにゼロ」　34
個体別にアプローチしないから痩せられない　37

第2章

自分史上最高に痩せる「骨格ポジショニングダイエット」

痩せない理由は「自分に甘い」ではなく「骨格と姿勢」だった 42
「骨格を意識する」だけで引き締まって代謝も上がる 44
骨盤姿勢の4つのタイプ別「骨格ポジショニングダイエット」とは？ 48
骨格タイプ1 フォワードタイプ（反り腰） 50
骨格タイプ2 スウェーバックタイプ 55
骨格タイプ3 ストレートアーチタイプ 59
骨格タイプ4 スパイラルタイプ 64
そのトレーナー、「骨格」の専門知識がありますか？ 69
ジムに行かなくても1日5分あれば体は変わる 72

第3章

挫折したダイエッターが10キロ痩せた

――ポジショニングダイエットが変えた6人の事例

体の仕組みを使えば「苦しまないで」痩せられる　76
続かないはずが、「いつの間にか」結果が出ていた！　78
骨格が変わると人生が「土台」から生まれ変わる　80
CASE 1　体が引き締まって自信がつき、新婚時代に「若返り」　82
CASE 2　運動嫌いを克服し、体力がついて「登山の趣味」をスタート　84
CASE 3　息子の「自慢のママ」になり、友人からも注目の的　86
CASE 4　20代のころの服を着て、日本全国を旅する　90
CASE 5　妊娠中の不調が激減し、「スピード安産」「産後太りゼロ」を実現　92
CASE 6　ごはんを食べながら激痩せして、ボディメイクコンテストで入賞　95

第4章
今日から始める「骨格ポジショニングダイエット」5つのステップ

「痩せる目的」と「痩せた自分」をノートに書き出してみる 102
あなたの体の変化を喜んでくれる5人の顔を思い浮かべる 106
自分の骨格特性と痩せない理由を把握する 108
適正体重、適正体脂肪率、適正筋肉量の数字を確認する 112
注目すべきは「カロリー」ではなく「脂質」 115
日常生活で「5分間」のスキマ時間を見つける 119

第5章

骨格4タイプ別「1日5分のエクササイズ」

5分間のエクササイズが人生を変えていく　124
〈4タイプ別〉トレーニング前の「動的ストレッチ」　126
〈4タイプ別〉お腹をへこます筋トレ　143
〈4タイプ別〉下半身痩せ筋トレ　160
〈4タイプ別〉二の腕痩せ筋トレ　175
筋トレ後の「静的ストレッチ」　182
〈4タイプ別〉美しい姿勢を保つストレッチ　192
外でも！　ヒップアップする歩き方　198
どこでも　正しい骨盤位置を維持する座り方　201
職場でも　仕事中にできる運動　202
そのほか　「ながら」運動　206

第6章 あさっての方向に筋肉をつけると痩せない上に体を壊す

骨格別に「やりすぎてはいけないトレーニング」がある　212
片方に重心が偏る動作は全てＮＧ！　220
歩きスマホは猫背リバウンドの最大の敵　221
ハイヒールは反り腰を悪化させる　223
食事制限はあんなに辛いのに必ずリバウンドする　225
「炭水化物抜き」はトレーニング効果を帳消しにする　228
体にいい油も、とりすぎれば敵になる　231

第7章 骨を正しい位置に置けば「理想の人生」が走り出す

痩せて自信がつくと、夢が3倍叶いやすくなる 236
精神科に勤務し、「自信を持つこと」の大切さを知った 238
「月間売上全国1位」の裏に「スポーツ整体の専門知識」あり 241
ずっと続けられるダイエット 243
リバウンドしたとき、どうすればいい？ 246
「自信」と「意識」が出会いを呼んで、人生が花開く 248
「健康人生100年時代」でなければ意味がない 251
健康を害したら、どんなにお金持ちでも「幸せは半減」 254
運動習慣がない人こそチャンスです 256

あとがき 259

第1章

あなたはなぜ「万年ダイエットジプシー」なのか?

8割の女性が「万年ダイエッター」

「今度こそ、絶対に痩せるぞ！」

そう決心したのに、痩せられない……。

せっかく体重が落ちたと思ったら、すぐ元に戻ってしまった……。

あなたには、こんな経験がありませんか？

ダイエットをしてもなかなか成果が得られず、ずっと挑戦と失敗を繰り返してしまう「万年ダイエッター」の方はたくさんいます。

ある企業のアンケート調査では、ダイエット経験者の8割以上が「ダイエットで挫折を経験した」と回答したそうですから、残念ながら、うまくいかない方のほうが圧倒的に多いといえます。

私が運営するジム「ヂルチ」に来られるお客様も8割はダイエットが目的で、そのほとんどの方が辛いダイエットをしては諦め、リバウンドを繰り返した経験をお持ちです。最初から「私、万年ダイエッターなんです」とおっしゃる方も結構いらっしゃいます。

そんなお客様とお話ししていると、実はとても勉強熱心で、忍耐強い方たちだということがわかります。ダイエットに関していろいろ調べ、実際に自ら実践してこられたのですから、それだけですごいことですよね。

ダイエットの内容はお客様各人によってさまざまですが、例えば運動系なら、

「ユーチューブで見た筋トレを試したけれど、効いている気がしないんです」

「フィットネスクラブに入会したけれど、トレーニング方法がよくわからず、ウォーキングマシンで歩くだけで終わってしまいました」

「ジョギングを始めたけれど、走るのが好きになれずに続かなかったです」

「通販でシェイプアップグッズを買って試したのに、全然痩せませんでした」

といったお声をよく聞きます。

いずれも、万年ダイエッターの方には〝あるある〟ではないでしょうか。皆さん、頑張って運動やトレーニングを試してきたけれど、「なぜか痩せられない」と悩みながらダイエットを続けてこられたのです。

一方、「運動が苦手なので、食事制限でダイエットを頑張った」というお客様もたくさんいらっしゃいました。

しかし、どんな食事系ダイエット法も「これだけ我慢すればいいんだから」と思えば思うほど、食べられない辛さが増してくるものです。

今の日本は食の欧米化によって、おいしいものが溢れています。スーパーやコンビニに行けば食べたいものがすぐに手に入りますよね。そんな環境の中で暮らしていながら、おいしいものの誘惑に打ち勝ってダイエットを続けるのは、かなり難易度が高い挑戦といえるでしょう。しかも、食事ダイエットを実践した方の多くは、

「最初は体重が落ちたけれど、途中から全然減らなくなってしまいました」

「ダイエットをやめたら、元に戻るどころか、以前よりも体重が増えたんです」

とおっしゃいます。

食べたいものを我慢してダイエットしているのに、思いどおりの成果につながらない――。こんな状態が続けば、ストレスは溜まっていくばかりです。

運動系にしろ、食事系にしろ、ダイエットがうまくいかないことには必ず理由があります。そして、その理由はとてもシンプルです。あなたの実践したダイエット法が、あなたに合ったものでなかっただけなのです。

私が運営するジムに通っている30代のA様は、最初は「何をしても痩せられない」とお

っしゃっていましたが、トレーニングによって2カ月で体重が13キロ減りました。

とはいえ、特別なダイエット法を指導したわけではありません。強いていえば脂質の高い食べ物を控えめにするぐらいで、ごはんやパンなどの炭水化物は普通に食べていただきました。そのほかは、骨格に合わせた5分程度のトレーニングを続けていただいたくらいです。それでもしっかりダイエットの成果は出ているわけです。

その方の体に合った運動をすれば、きちんと筋肉がほぐれ、体の血流がよくなります。それによって体の代謝も上がり、日常生活レベルで痩せやすい体を作ることができます。そうすれば、極端な食事制限をしなくても体重は落ちていきますし、途中で挫折してリバウンドするということもなくなります。

情報の洪水が「ダイエットジプシー」を生む

ダイエットを始める時、ほとんどの方はインターネットでダイエットの方法を調べるでしょう。

X（旧ツイッター）、インスタグラム、ユーチューブなど、スマートフォンで検索すれば一瞬で膨大な情報がヒットするのですから、本当に便利な時代です。ただし、あまりに情報がありすぎて、何を選べばいいのか迷ってしまう方も多いのではないでしょうか。

たくさんの情報の中で目を引くのは、記事のタイトルやキャッチコピーなどの言葉です。

〝○○するだけで、簡単に痩せる〟といった言葉を見ると、

「ここまで言うからには、効果があるに違いない」

「この人がこんなに痩せたのだから、私も痩せるはず」

と、やってみたくなりますよね。

しかし、実際にはそのダイエット法を試しては失敗し、次のダイエット法を試すという「ダイエットジプシー」になる方が多いのです。

失敗する原因は、実践したダイエットの方法にあります。その記事や動画を紹介している人には効果的な方法であったとしても、それがあなたに適しているとは限らないのです。

例えば、寝たまま両足を上げる「レッグレイズ」という筋トレは、骨格の違いによって、効果が得られる方と得られない方がいます。寝ている状態で足を上げると、体の構造上、腰部分が反りやすくなるのですが、もともと反り腰の方がこの運動を続けると、腰にさらに負荷がかかり、効果が得られないばかりか腰痛の原因になることがあります。これ

は、誰もが気軽に情報を入手できるインターネット時代のデメリットといえるでしょう。
また、間違えたダイエット法は、体だけでなくメンタル面にも大きな影響を与えます。失敗を繰り返していると、「何をやってもうまくいかない」「私は何をしてもダメなんだ」と、自分で自分の評価を下げるようになってしまうのです。

自分に自信を持っているかどうかは、その方の表情だけでなく、姿勢にも現れます。自信のある方は表情がイキイキして、背筋が伸び、はつらつとした印象になります。反対に自信のない方は、表情はくもりがちで、背中も丸く縮こまっています。考え方が後ろ向きになると、人の体も腰が引けたように重心を後ろに置くようになり、骨盤が後ろ側に傾いた結果、背中がだんだん丸くなってきます。背中を丸めてうなだれている姿勢では、暗い印象を与えてしまうでしょう。恋愛でも仕事でも、見た目の印象はとても重要です。

人の第一印象は出会ってからほんの数秒で決まるといいますから、相手に暗い印象がインプットされる前に、丸くなった背中を伸ばしていきましょう。

まずは、しっかり効果の実感できるダイエットと出合うことが大事です。頑張った分だけ成果を実感できれば、それが自分の自信になりますし、美しい姿勢と明るい表情が手に入るという、心と体の両方にご褒美があります。ここから成功体験をどんどん積んでいき、ダイエットジプシーから卒業しましょう。

「ひとりダイエット」が三日坊主になる2つの理由

「三日坊主」という言葉をあなたは使ったことはないでしょうか。

「始めたけれど、続かなくて……」

ダイエットでも、とてもよく聞くお話ですよね。

ダイエットは、やろうと思えばひとりで、今日からでも始めることができます。ただし、それを続けるとなると急にハードルが上がります。3日とはいわないまでも、大半の方がほんの数日で挫折してしまうというのが実情です。

では、なぜ三日坊主になってしまうのでしょう。私は、それには2つの理由があると考えています。

1つは、**正しい知識とやり方を知らないということ**。あやふやな知識をもとにダイエットをしていると、

「本当に、このやり方で筋肉に効いているのかな？」

「このまま続けていって、大丈夫なのかな？」

と、だんだん不安になってきます。

しかも、そのダイエット法で思うような成果が得られなければ、不安は大きくなるばかりです。こんな状況ではダイエットを続けられなくなるのも当然でしょう。

理由の2つ目は、**なりたいイメージをしっかり持っていないこと**です。

私のジムにいらした30代半ばのB様も、最初はそうでした。相談に来られた理由をうかがうと、「痩せたいからです」というお返事だけで、ご自分がなぜ痩せようとしているのかをはっきりお話しいただくことができませんでした。

そこで、痩せたい理由をさらに掘り下げてうかがっていくと、真剣に婚活をされていること、「マッチングアプリにもっときれいな自分の写真を載せたい」と思っていることがわかりました。

つまり、ほっそりした写真をアプリに掲載することで多くの人に好印象を与え、いい出会いをしたいという思いがダイエットという行動に結びついていたのです。ご本人も、自分の気持ちと改めて向き合うことで、なりたい自分のイメージを明確にできたとおっしゃっていました。

ダイエットというと、「痩せる」ことだけに着目し、「痩せてどうなりたいのか」まできちんとイメージしていない方がたくさんいます。しかし、「痩せたい」と思った背景には、その人なりのストーリーが必ずあるのです。

いい結婚相手と巡り会うために痩せたいという方もいれば、仕事で相手の印象をよくしたい、子どもにきれいと言われたい、あるいは、もっと健康になりたいなど、それぞれになりたい自分のイメージが絶対にあるはずです。そして、その気持ちが強ければ強いほど、ダイエットを続けるモチベーションにもなります。

B様は、ジムに通われて2カ月で体重が8キロ減り、今も順調にダイエットを続けています。もともと食事の量が多く、しかも脂質の高い食べ物が大好きだったので、それを見直していくことが1つの課題になっていたのですが、「素敵な写真で、いい出会いをする」という目標を常に意識することで、少しずつ食生活が改善されていきました。

あなたが、「私は三日坊主になってしまうからだめだ」と思っているなら、ぜひ、2つの理由について自分にたずねてみてください。正しい知識とやり方を知っているか？　そして、なりたいイメージを持っているか？

なりたい自分に向けてダイエットを始めるのはとても素敵なことだと思います。その気持ちを持続して、あなたの目指す未来を手に入れましょう。

「もう、痩せられない」と決めつけていませんか？

何か一つがうまくいかないと、全てがうまくいかないような気持ちになってくるものです。ダイエットも同様です。思うような成果が得られないと、「私はダイエットもできない」と、自己評価を自分で下げてしまい、「私には無理」「どうせうまくいかない」と、どんどんネガティブな気持ちになってしまいます。こんな気持ちでダイエットを続けていくのは難しいでしょう。

冒頭でお話ししたように、私はこうしたジレンマに陥ってしまう方ほど、頑張り屋さんだと思っています。ダイエットに真面目に取り組もうとするあまり、やりすぎてしまうのです。

例えば、糖質制限でごはんやパンなどの炭水化物を控えましょうと言われると、「食べないほうがいい」と、炭水化物を全く食べなくなる方もいます。

確かに、糖質制限で体重は減るかもしれませんが、糖質は大事な体のエネルギー源です。

不足していると集中力が低下したり、体の基礎代謝が低下してしまうといったデメリットもあるのです。しかも、体の基礎代謝が低下すると筋肉量も減り、体内のエネルギーが燃えにくくなります。つまり、ダイエットを頑張りすぎてしまうことで、体はむしろ痩せにくくなっていくのです。

また、頑張っても報われないとストレスも増えていきます。ストレスが増えると、体内に「コルチゾール」というホルモンが過剰に分泌されるようになります。コルチゾールには体のエネルギー代謝を低下させる働きがあり、それが体をますます痩せにくくしてしまうのです。

ダイエットを頑張りすぎる方は、こうした面からも悪循環に陥ってしまいがちだといえるでしょう。その結果、「私は、何をしても痩せられない」「私ってダメだな」と、自分にダメ出しをするようになってしまうのは惜しいと思います。

しかし、ダイエットがうまくいかなかったとしても、あなたのせいではありません。もともと頑張り屋さんで目標設定が高めですから、目標を緩やかにして、少しずつクリアするように変えるだけでも状況は変わりますし、そこまで辛い思いをしなくても、痩せられる方法はあるのです。

40代で私のジムに来られたD様も、「何をしても体重が落ちないんです」と悩んでおられました。お話をうかがってみると、自分で糖質制限を実践し、すでに体重を8キロ落としたとのことでした。ただ、そこで体重が停滞してしまい、さらに糖質を抜くようにしたそうです。「糖質をほとんどとっていないのに、全然体重が落ちなくて……」と、落ち込んだご様子でおっしゃっていました。

でも、D様はこれまでも十分に頑張っています。体重を8キロも落とすのがすごいことなのに、あまりに一生懸命で、そのことにご本人が気づいていなかったのです。

ダイエットを頑張る力はお持ちですから、あとは、もっと痩せられる方法を実践すればいいのです。

D様には、まず過度な糖質制限をやめていただきました。前述したとおり、糖質はエネルギーです。体の中に燃やすものがなくなると、心の元気もなくなってしまいます。ちゃんと食べて心が元気になると、ストレスも減り、ホルモンのバランスも整っていきます。

しっかりエネルギーを取りながら、簡単な運動を取り入れることで、ちゃんと体重は落ちていき、D様は、目標にしていたマイナス6キロを達成することができました。ストレスなくダイエットに取り組んだので、その後も希望した体重を維持しておられます。

仕事・家事・子育てで「体力はすでにゼロ」

1日はみんな平等に24時間です。人によって過ごし方はいろいろでも、大半の方は時間に追われ、忙しい毎日を送っておられると思います。

例えば、キャリアウーマンとして頑張っている方、子育てをワンオペで頑張っている方、あるいは仕事と家事、育児まで頑張っている方もいるでしょう。そんな毎日を送っていると、体力も精神的な余裕もゼロ。「ダイエットをしたくても、できない」となるのも当然です。

私自身もトレーナーの仕事をしながら、自分の筋トレができるのは週に一度あるかどうかなので、忙しくてできないという気持ちは痛いほどわかるのです。

さらにいえば、そのような環境の中でも、「ダイエットをしたい」と願っているのは、本当に素晴らしいなと思います。ただし、せっかく気持ちがあるのですから、何もしないのはもったいない。その気持ちを形にしていきましょう。

では、体力、気力がゼロの状況で、どんなことができるでしょうか。そのヒントとなるのが、**日常生活の動作**です。

例えば、**キッチンに立ってお料理を作っている時に正しい姿勢を意識する。座ってパソコンを使う時も、お腹に力を入れて正しい姿勢を保つ**。これだけで、インナーマッスルが刺激され、いい運動になります。また、歩く時にお尻と腿裏を使い、正しく歩くだけでもきちんと筋肉を使うことができ、同様に運動になります。

ダイエットだから30分間ランニングをするとか、1駅分を余計に歩くとか、普段の生活に何かを新たに加えると考えると大変ですが、日常生活の中で体の動き方を変えるだけなら、体力ゼロでもできるのではないでしょうか。

「たったそれだけで、本当に痩せられるの?」と思う方もいるかもしれません。

ですが、ぜひ試してみてください。そもそも姿勢が悪いと、肩こりや腰痛を引き起こしやすくなってきます。すでに痛みを抱えている方も多いでしょう。

しかし、その状態でも普段から姿勢や歩き方を正すことを心がけていると、だんだん骨格が整って痛みが和らいできます。しかも、普段使えていない筋肉を正しく使えるようになることで、疲れにくくなってくるはずです。もともと筋肉を正しく使えていなかったために姿勢が崩れ、疲れてしまっていた部分もあるのですから。

こうした体感が得られると、もうちょっと頑張ってみようかと、気力もゼロからプラス方向に変わるのではないでしょうか。私がトレーニングの指導をさせていただいていたF様は、ご自身の目標を4カ月で達成し、ジムを卒業されました。

その後もご自宅で筋トレメニューを続けておられたのですが、ある時、会社の人事異動があり、遠方まで時間をかけて通勤することになってしまったのです。

これまで自宅で行っていた筋トレをする時間がなくなってしまったF様は、悩んで私に連絡をしてこられました。

無理に筋トレをしようとすれば、F様は大きなストレスを抱えることになってしまいます。そこで私がお伝えしたのは、日常生活の中に筋トレを取り入れることでした。姿勢や歩き方、それ以外にオフィスや移動中にできる筋トレもあります。それらを実践することで、F様は今もジムを卒業された時の体重を維持されているそうです。

日常生活の中でできるトレーニングについては、第5章にて写真入りでご紹介します。すぐに取り入れることのできるものばかりですから、そちらを参考に実践してみましょう。

個体別にアプローチしないから痩せられない

「〇〇ちゃんは、これで10キロ痩せたんだって」

「△△さんは、たったこれだけでウエストがマイナス15センチになった」

など、スマホでちょっと検索するだけで、さまざまな記事が目に飛び込んできます。世の中にはさまざまなダイエット法があるものですよね。

ただし、記事のご本人は確かにその方法で痩せたのでしょうが、同じ方法で誰もが痩せられるとは限りません。それどころか、「〇〇ちゃんは痩せたのに、私にはできない」と、自信までなくしてしまいかねません。

では、どうやって自分が痩せられる方法を見つければいいのでしょうか。

私は、**体の骨格でダイエット方法を選ぶことが大事**だと思っています。その考えをもとに作り上げたのが「**骨格ポジショニングダイエット**」です。

まえがきでお話ししたとおり、自分のジムを立ち上げる前に、私は体に痛みのある方のトレーナーとして整体院で活動していたことがあります。

お客様には結構太っている方が多く、体の負担を減らすためにダイエットが必要だと感じていました。そこで、お客様のタイプを骨格ごとに4つに分類し、それぞれの骨格に対応したトレーニングメニューでアドバイスしていくようにしたところ、どのタイプのお客様でもいい結果が得られるようになりました。しかも、特別に食事制限をお願いしていないのに、皆さん自然に痩せていったのです。

人の体は、骨格によって筋肉のバランスが違いますし、体の使い方、動作の癖など、ありとあらゆるものが異なります。それらを理解した上で、骨格に応じたトレーニングを行えば、体を痩せ体質に導くことができます。

私のジムに通われているG様も、ご自分の骨格のタイプを知ることで、ダイエットの成果が得られるようになりました。最初にジムにご相談に来られた時には、「私、反り腰で悩んでいます。ジムでトレーニングもしましたが、全然痩せません」とおっしゃっていました。

そこでG様の骨格のタイプを調べてみると、ご本人が言うような「反り腰」ではありませんでした。反り腰の場合、骨盤は前に倒れているのですが、G様の場合は骨盤が後ろに倒れていました。体全体が後ろに倒れているために、腰が反って見えたのです。

これまでずっと反り腰だと思い、それを改善するためのトレーニングをされたとのことでしたが、そもそも骨格のタイプが違うので、それでは効果が得られません。そのことを説明し、骨格に対応したトレーニング法に変えたところ、3カ月で体重はマイナス8キロになりました。

G様は、ぽっこりと出ていたお腹が引き締まり、内臓の位置が高くなることで、見た目にもメリハリのあるスタイルにみるみる変わっていきました。

骨格を意識せずにただ筋トレをするのではなく、自分の骨格がどうなっているのか、体がどういう動きをしているのかを意識しながら筋トレをすると、筋肉への効き方がよくなります。実践してみると、きちんと効果が実感できるようになるでしょう。

本書の巻頭で、骨格タイプの診断チャートをご紹介しています。まずは、そこで自分の骨格タイプをチェックしてみてください。そして、自分の骨格に合わせた方法で、「成功するダイエット」を始めていきましょう。

第2章

自分史上最高に痩せる「骨格ポジショニングダイエット」

痩せない理由は「自分に甘い」ではなく「骨格・姿勢」だった

私のジムに通われている理由をお客様にお聞きすると、多くの方が、

「私、一人では頑張れないんです」

「トレーナーさんがついていないと、続かなくて」

「本当に、自分に甘いんですよね」

などと、ちょっと決まり悪そうにおっしゃいます。

いろいろなダイエットに挑戦して、我慢したり、失敗したりするうちに、すっかりダイエットは難しいもの、苦しくて大変なものというイメージができあがってしまうのかもしれません。そうすると一人で乗り越えられないという気持ちにもなりますよね。

そして、もう一つ。

「ダイエットは大変だと思うけれど、世の中には成功している人がたくさんいる。できないのは、私が自分に甘いせいだ」と、効果が上がらない自分を責めるようになってしまいます。でも、ダイエットがうまくいかないのは、ダイエットが難しいからでも、あなた

が自分に甘いからでもありません。

痩せない理由は、骨格にあるのです。その仕組みをここでご説明しましょう。

姿勢が悪いと、背骨の形や骨盤が本来あるべきところからずれてきます。すると、骨格の周りにある筋肉にもその影響が表れます。きれいな姿勢の方なら、日常生活でも100%の筋肉を使うことができるかもしれませんが、**姿勢が悪いと、使う筋肉が50%ほどになる場合があります。筋肉がうまく使えていないと、消費されるエネルギーが低下します。**筋肉を動かせないことで消費カロリーが下がることはもちろんですが、実は、内臓の消費エネルギーも低下しているのです。

例えば、骨盤が後ろに傾いている方の場合、上半身が後ろに倒れる傾向にあります。また、お腹の筋肉がうまく使えていないため、内臓を正しい位置で支えることができず、お腹の下のほうに内臓がずれてきます。この状態では内臓にも負荷がかかり、機能が落ちてしまうのです。

実は、ここに痩せない大きな理由があるのです。

体の基礎代謝エネルギーでいちばん消費量が大きいものというと、たいていの方は筋肉を連想すると思います。しかし、実際のエネルギー消費量の第1位は、「肝臓」なのです。

続いて第2位が「脳」、第3位が「筋肉」と続きます。

内臓の位置がずれるということは、肝臓の位置もずれてしまいます。すると、肝臓の機能が低下して、**消費するエネルギーが少なくなり、太りやすくなるわけです。**

こうした問題は、骨盤が後ろに傾いている方だけでなく、他の骨格の方にも起こります。骨盤が前に倒れている方の場合は、反り腰になるために内臓が圧迫されることがありますし、背骨のS字カーブがほぼ一直線という方は、体全体が緊張しやすく、筋肉が固まってしまうことで内臓を圧迫します。

いずれも理由は違っても骨格が内臓にダメージを与え、結果として体の消費エネルギーが低下してしまうのです。姿勢が悪いと見た目の印象がよくありませんが、目に見えないところでも骨格のずれが太りやすい体を作り、健康に大きく関わっているのです。

「骨格を意識する」だけで引き締まって代謝も上がる

最近のボディメイクブームもあって、テレビやユーチューブでボディビルダーが登場することがよくあります。彼らが鏡で自分の体を見ながらポーズの練習をするシーンを見たことのある方も多いでしょう。

「自分の体に見惚れるなんて、ナルシストだな」と思われるかもしれませんが、鏡を見ながらポーズをとるのは、とても理にかなった方法なのです。

トレーニング用語に「意識性の原則」という言葉があるのですが、これは、「**正しく筋肉を意識できると、そこの筋肉が発達しやすくなる**」ということを意味しています。

だからこそ、ボディビルダーは鏡の前で、自分の筋肉を意識して動かす練習をするわけです。ここまでストイックに筋肉をコントロールする必要はありませんが、どこの筋肉を使っているかを意識するだけで、今以上に働いてくれるのですから、これを使わない手はないでしょう。

筋肉を意識するには、まず正しい姿勢と、骨格とはどういうものかを知っておくことが大切です。正しい姿勢になるように筋肉を意識すれば、これまで使われていなかった筋肉もちゃんと使うことができるようになります。

では、正しい姿勢とはどのようなものでしょうか。ポイントは大きく2つあり、骨盤と背骨です。次ページの図のように、骨盤の腸骨の出っぱり部分（上前腸骨棘《じょうぜんちょうこつきょく》）と恥骨を結んだラインがまっすぐになるのが理想の位置です。

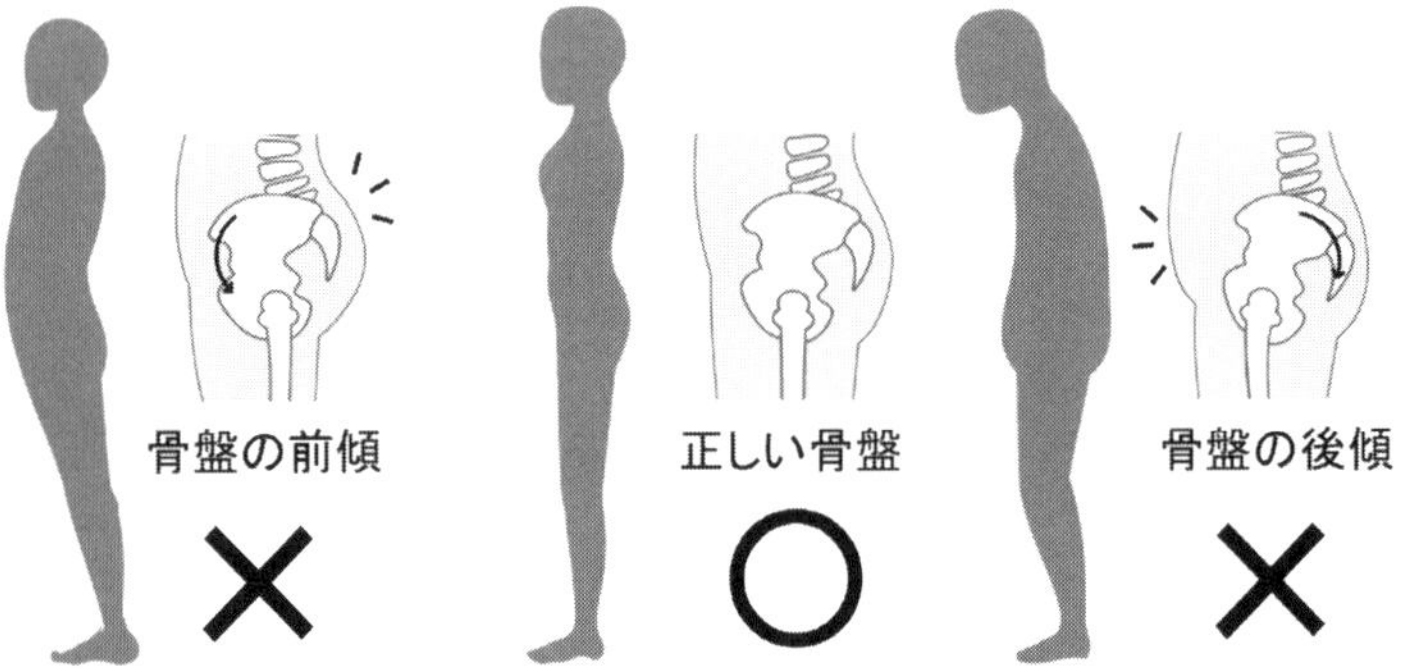
骨盤の前傾
正しい骨盤
骨盤の後傾

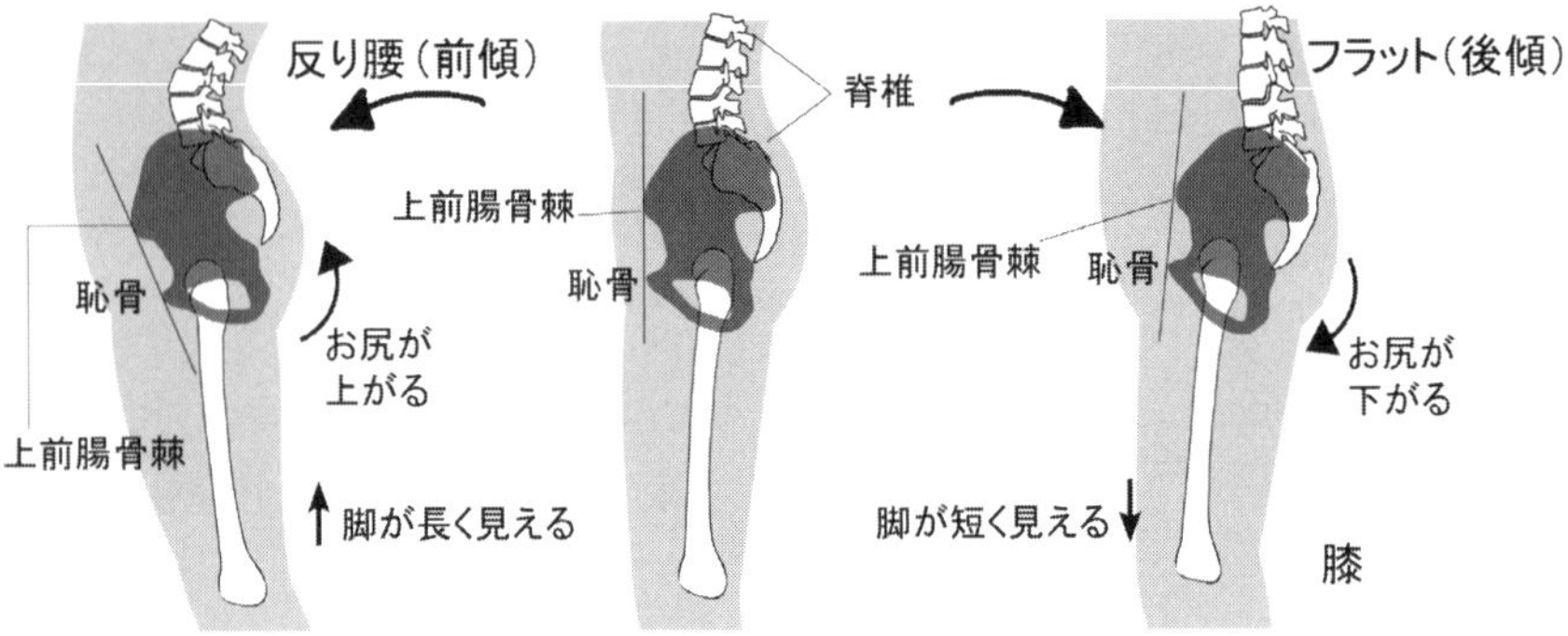
反り腰（前傾）
脊椎
フラット（後傾）
上前腸骨棘
恥骨
お尻が
上がる
上前腸骨棘
恥骨
上前腸骨棘
恥骨
お尻が
下がる
脚が長く見える
脚が短く見える
膝

自分の指を出っぱりと恥骨の位置に当て、鏡で見るとそれぞれの位置関係がわかると思います。また、背骨に関していうと、背中はやや丸まって、腰はやや反って、緩やかなS字カーブを描いているのが理想です。このカーブが急すぎても、カーブがなくてもいい姿勢とはいえません。

ただし実際には、正しい骨格を保っている方はあまりいません。大半の方は、肩こりや腰の痛みのように、骨格に何かしらの問題を抱えているというのが現実です。

本書では、人の骨格を4つのタイプに分け、それぞれの体の状態を説明します。骨格タイプによって意識する筋肉の場所も変わってきます。ぜひ、正しい姿勢を目標に、自分の骨格をどう直していくかを意識していきましょう。

筋肉を意識して使うようになると、トレーニングの効果がきちんと筋肉まで届くようになります。自分で「筋肉に効いている」という感覚がつかめると、トレーニングも楽しくなってくるでしょう。

このように書くと、難しいことをするように感じるかもしれませんが、意識するのは至って簡単です。何気なく立ったり座ったり、歩いたりする時に、「今、前腿の筋肉を使っているな」とか「腿裏を使ってしっかり歩こう」と、気持ちをその部位に向けるだけで筋肉は気づいてくれます。

ただ意識をするだけで、普段の日常生活の中でトレーニングができ、消費エネルギーが増えていきます。今まで使っていなかった筋肉にも働いてもらい、痩せ体質を作っていきましょう。

骨盤姿勢の4つのタイプ別「骨格ポジショニングダイエット」とは？

「骨盤ポジショニングダイエット」は、整体や治療院などの現場経験から得た知識や技術を生かして編み出した、私のオリジナルのダイエット法です。

骨格と姿勢をもとに、使えていない筋肉を見つけ、きちんと使えるようにすることで、基礎代謝の消費エネルギーを上げていくことができます。

1日5分、ストレッチで硬くなった筋肉を伸ばし、簡単なエクササイズで弱くなっていた筋肉を鍛え、日常生活の中で消費するエネルギーを増やしていきますから、誰が挑戦しても難しいことはなく、気軽にできるダイエット方法だと思います。

「骨格ポジショニングダイエット」の基準となる骨格は次の4つです。

①腰が反ってしまう「**フォワードタイプ**」
②お腹が前に突き出る「**スウェーバックタイプ**」
③一見姿勢がいいけれど、実は姿勢が悪い「**ストレートアーチタイプ**」
④左右がアンバランスで肩の高さが違う「**スパイラルタイプ**」

これまで整体やジムで数千人のお客様の体を見てきましたが、その全ての方がこの4つのタイプのいずれかに分類できました。

あなたもこの中から自分の骨格タイプを見つけ出し、それに合わせたストレッチ&エクササイズをすることで、体の変化を感じられるようになると思います。

ここから、それぞれの骨格タイプを詳しく見ていきましょう。

骨格タイプ1

FW フォワードタイプ（反り腰）

「フォワードタイプ」は、反り腰、出っ尻ともいわれる骨格タイプです。比較的女性に多く見られます。というのは、ヒールの高い靴を履く方は体の重心がつま先側にかかり、骨盤が前に傾くことが多いからです。骨盤が前に傾くことで、背骨のS字が強調され、正しい姿勢を妨げるさまざまなずれが生じます。

こんな方はフォワードタイプ

壁を背にして立ち、頭、背中、お尻、踵を壁につけるようにします。この状態で、壁と腰の間にこぶし1つ以上の隙間が空いている場合は、フォワードタイプの可能性が高いです。

フォワードタイプの特徴

●骨盤が前傾し、背骨が極端なS字カーブになる

理想の骨格は緩やかなS字カーブを描きますが、フォワードタイプでは前に倒れた骨盤

のバランスを取るためにS字の曲線が強くなります。

●首が前に出る

背中が丸くなるために、首が前に出ます。

●猫背になり、巻き肩（肩が胸よりも前の位置にある状態）になる

背骨が後ろに大きく湾曲して、背中が丸くなります。背中が丸くなると、肩甲骨は常に外に引っ張られるので、寄せたり広げたりして使うことができません。そのため、背中が太りやすくなります。また、肩甲骨が広がった分、腕は体の内側に入りやすくなり、巻き肩になります。常に肩が上に上がっている状態は、肩こりや頭痛の原因となることが考えられます。

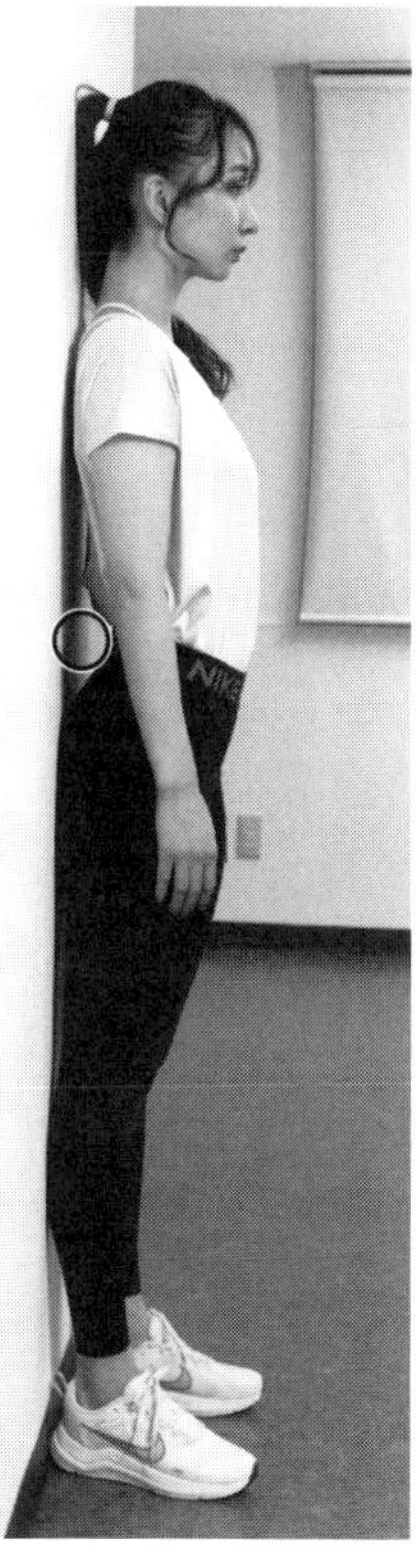

壁と腰の間にこぶし1つ以上の隙間が空いている

●腰が前に湾曲して、反り腰になる

体の重心が前にあり、骨盤が前に傾くために、腰の腰椎の湾曲が強くなり、反り腰になります。

●お腹に力が入らない

腰側が緊張しているため、お腹の筋肉がうまく使えていません。お腹の力が抜け、お腹側の筋肉が伸びてしまい、お腹のたるみが気になります。腹筋が苦手という方が多いのもフォワードタイプの特徴です。

●お尻が後ろに出る

お腹の筋肉に力がないため、お尻が後ろに出てしまいます。

●足の後ろ側がたるむ

股関節の前から腰をつなぐ筋肉（腸腰筋《ちょうようきん》）と前腿の筋肉（大腿四頭筋《だいたいしとうきん》）が強いため、お尻の筋肉（大臀筋《だいでんきん》）、腿裏の筋肉（ハムストリングス）がうまく使えていない状態です。そのため、足の後ろ側がたるんできます。

●ふくらはぎがパンパンになる

お尻の筋肉（大臀筋）と腿裏の筋肉（ハムストリングス）が使えないため、歩く時に足を後ろに持っていくことが少なくなります。いつも膝下だけを使って歩いていることが多く、ふくらはぎを酷使している状態です。そのため、ふくらはぎはいつも緊張でパンパン。血流の停滞が起き、老廃物が溜まりやすくなることで、足がむくみ、太りやすくなります。

●足首が硬くなる

ヒールを履いていると、常に足首が上がっている状態で、足首を曲げる動作が少なくなります。ヒールを履いていなくても、履いているのと同じように指先に重心のある方は、やはり足首が硬くなっています。

自分の足首が硬いかどうかは、しゃがんでみるとわかります。しゃがんだ時に踵が浮き、つま先立ちになっている場合は、前に重心があるということです。

フォワードタイプのトレーニングポイント

・硬くなっている腸腰筋、大腿四頭筋、ふくらはぎをストレッチで伸ばす
・足首の可動域を広げるストレッチ
・反り腰用のお腹のトレーニング
・使えていない大臀筋、ハムストリングスを強化するトレーニング

・つま先重心を矯正（ヒールを履かない、正しい歩き方の練習）

詳しいトレーニング内容は、第5章で紹介していますので、そちらを参考に実践してみてください。

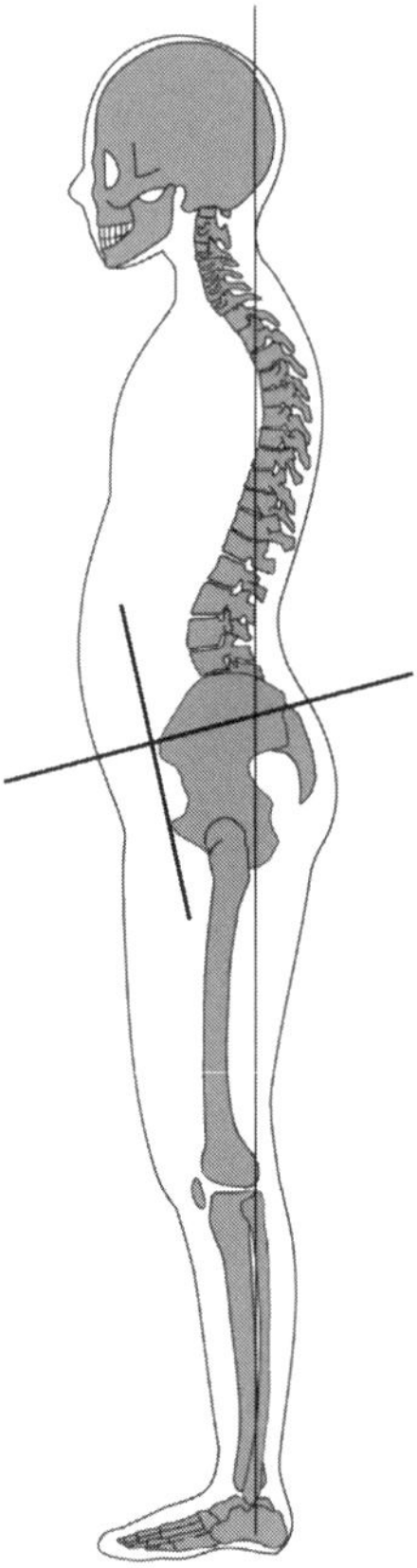

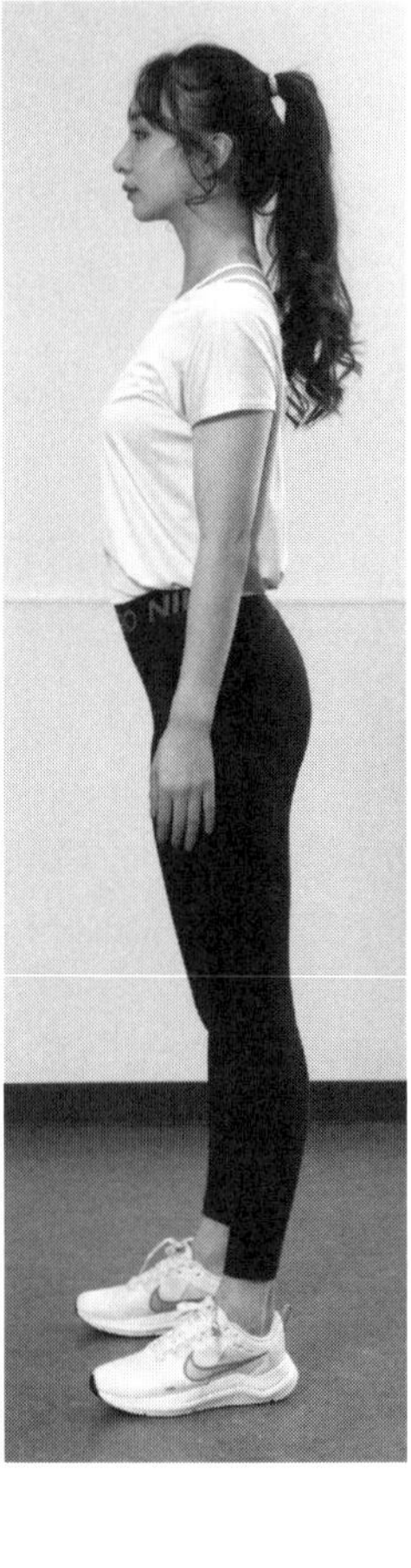

骨格タイプ2

SB スウェーバックタイプ

スウェーバックタイプは、日本人にいちばん多いといわれている姿勢です。一見すると腰が反って見えるため、フォワードタイプ（反り腰）だと勘違いしている方が非常に多く、整体師やプロのジムトレーナーでさえ間違えることが多々あります。

骨盤が後ろに傾いていて、重心は踵側にかかっています。体のバランスを取るために胸椎が丸くなり、猫背に見えるところから腰が反っていると思われてしまい、フォワードタイプに間違えられるのです。

また、お腹の筋肉が使えないという点はフォワードタイプと共通しているのですが、スウェーバックタイプの場合は、内臓の位置が下がることでお腹が出ているように見えます。胃下垂の方にもこのタイプが多く、若いうちは太らなかったのに、年齢を重ねて代謝が落ちてくると太り始めるというパターンがよくあります。「前は何を食べても太らなかったのに……」という方は、スウェーバックタイプかもしれません。

こんな方はスウェーバックタイプ

壁を背にして立ち、頭、背中、お尻、踵を壁につけるようにします。腰が反っていると思っている方でも、壁と腰の間にこぶし1つ以上の隙間が空かなかった方はスウェーバックタイプの可能性が高いです。

スウェーバックタイプの特徴

●首が前に出る

体が後ろに倒れるので、バランスを取るために首が前に出ます。

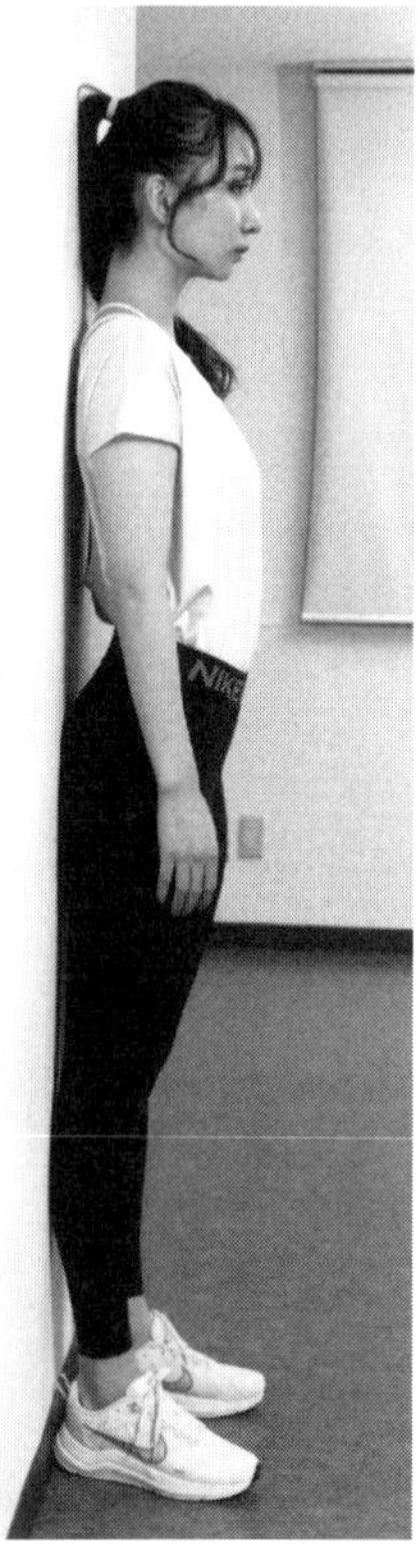

壁と腰の間にこぶし1つ以上の隙間が空かない

●猫背

フォワードタイプほどではありませんが、胸椎が丸くなることで猫背になります。

●腰がまっすぐになる

下腹部が前に突き出るために一見腰が反って見えますが、背骨はまっすぐです。そのため、腰の骨（腰椎《ようつい》）の可動域が狭くなってしまいます。

●ぽっこりお腹に見える

骨盤が後ろに傾き、お腹の筋肉が弱いため、内臓が前側にスライドして下りてきている状態です。下腹部が前に突き出るので、痩せていてもぽっこりお腹に見えてしまいます。また、お腹の筋肉が使えていないので、お腹が太りやすいともいえます。

●お尻が四角い形になり、たるむ

骨盤が後ろに倒れるため、お尻の筋肉自体が下がってしまいます。お尻の丸みの部分が下がるので、たるんで四角い形に見えます。

●靴の踵がすり減りがち

股関節の前から腰をつなぐ筋肉（腸腰筋）、前腿の筋肉（大腿四頭筋）が弱く伸びているため、お尻の筋肉（大臀筋）と腿裏の筋肉（ハムストリングス）が常に縮んでいます。その結果、体の重心は後ろに傾き、靴の踵がすり減りがちになります。踵自体も硬くなり、ひび割れのある方もいます。

また、腿裏の筋肉が硬く、前屈運動が苦手なタイプが多い点も特徴です。

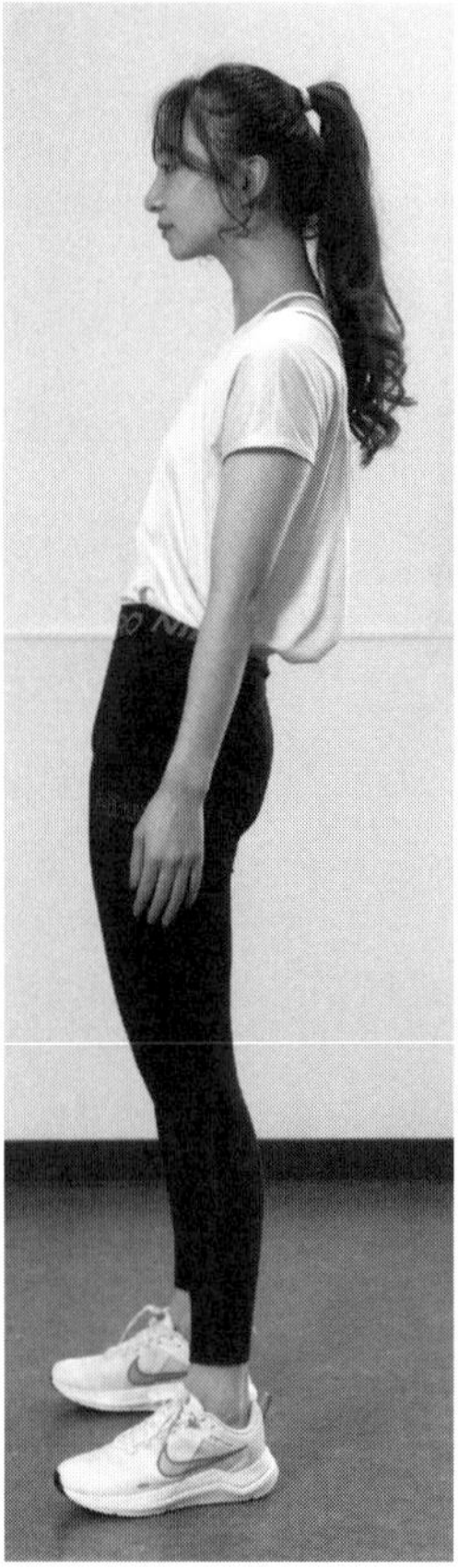

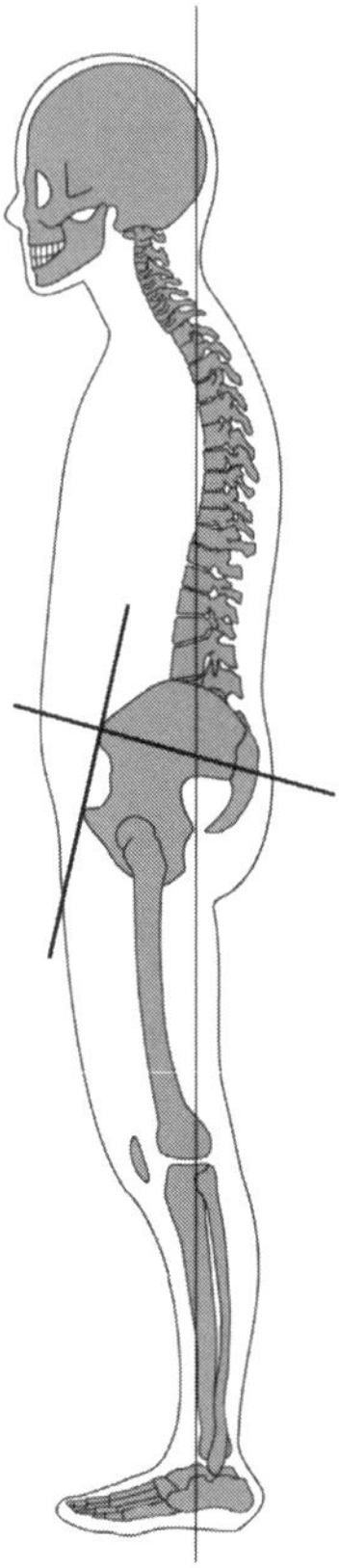

スウェーバックタイプのトレーニングポイント

・硬くなっている大臀筋、ハムストリングスをストレッチで伸ばす
・腰椎の可動域を広げるストレッチ
・伸びきっている腸腰筋、大腿四頭筋を強化するトレーニング
・使えていないお腹の筋肉を普段から使う練習
・足指を使う練習（後ろ重心の歩き方を変える）

詳しいトレーニング内容は、第5章で紹介していますので、そちらを参考に実践してみてください。

骨格タイプ3 SA ストレートアーチタイプ

4つの骨格タイプの中でいちばん姿勢がいいと見られがちなタイプで、「○○さん、姿勢がいいね」と褒められることもあり、ご本人は自分の骨格の問題に気づきにくいといえます。

本来姿勢は、背骨が緩やかなS字カーブを描いているのが理想ですが、ストレートアーチタイプは、文字どおり背骨がまっすぐです。そのため、全身がまっすぐでメリハリのない体型に見えてしまいます。

背筋がまっすぐに見えるのは、普段から姿勢を正そうと心がけているからだと思いますが、ストレートアーチタイプも骨盤が後ろに倒れ、重心が踵側にあるため、無理にまっすぐに見せようとすると、腰を痛めてしまう可能性があります。

こんな方はストレートアーチタイプ

壁を背にして立ち、頭、背中、お尻、踵を壁につけるようにします。この状態で、壁と

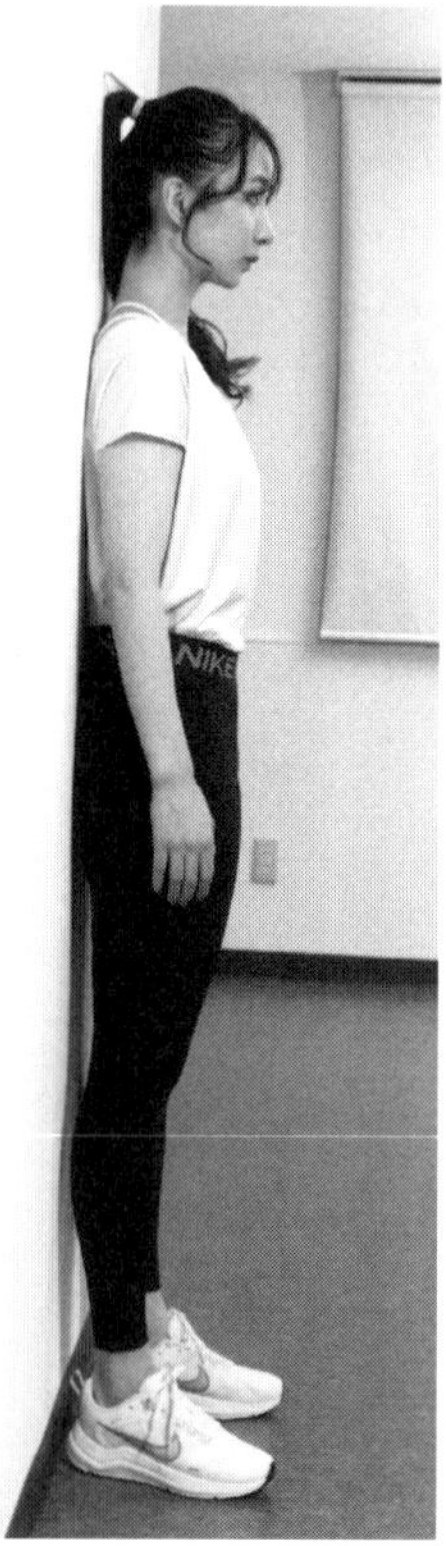

壁と腰の間の隙間に手のひらが入る余裕がない

腰の間の隙間に手のひらが入る余裕がないなら、ストレートアーチタイプの可能性が高いです。

ストレートアーチタイプの特徴

●背骨のS字カーブがなく、メリハリのない体になる

背骨に緩やかなカーブがなく、まっすぐで、体全体にメリハリがなく見えます。体が全体的に硬く、常に体に力が入っている状態。本人にとってはその状態が当たり前なので、力を抜くことが苦手です。

●首が前に出る

スウェーバックタイプと同様に、体が後ろに倒れるので、バランスを取るために首が前に出ます。

●お腹の筋肉が強く、腰にダメージが行きやすい

腰の緩やかなカーブがなく、また、お腹側の筋肉が強いため、腰の筋肉（脊柱起立筋下部）は弱くなり、腰が直接ダメージを受けやすくなります。そのため、ストレートアーチタイプの方には腰を痛めている方が多い傾向にあります。

●全身の関節が硬い

背骨の柔軟性がなく、肩甲骨が広がったままになり、寄せるのが苦手です。また、股関節をはじめ全身の関節が硬くなっています。関節の可動域が狭く、筋肉をうまく使えていない状態といえます。

●お尻が四角い形になり、たるむ

スウェーバックタイプと同様、骨盤が後ろに倒れるため、お尻の筋肉自体が下がってしまいます。お尻の丸みの部分が下がるので、たるんで四角い形に見えます。

●踵重心になりがち

股関節の前から腰をつなぐ筋肉（腸腰筋）、前腿の筋肉（大腿四頭筋）が弱いと同時に伸びているため、お尻の筋肉（大臀筋）と腿裏の筋肉（ハムストリングス）が常に縮んでいる状態です。その結果、体の重心は後ろに傾き、靴の踵がすり減りがちになります。踵自体も硬くなり、ひび割れのある方もいます。

また、このタイプには腿裏の筋肉が硬く、前屈運動が苦手な人が多いことも特徴です。

ストレートアーチタイプのトレーニングポイント

・硬くなっている大臀筋、ハムストリングスをストレッチで伸ばす
・腰椎の可動域を広げるストレッチ
・伸びきっている腸腰筋、大腿四頭筋を強化するトレーニング
・脊柱起立筋のトレーニング

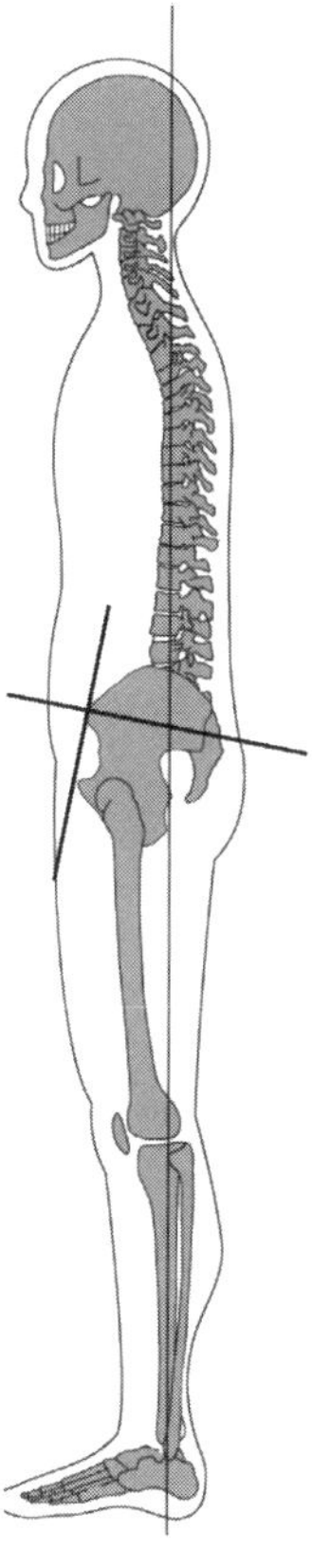

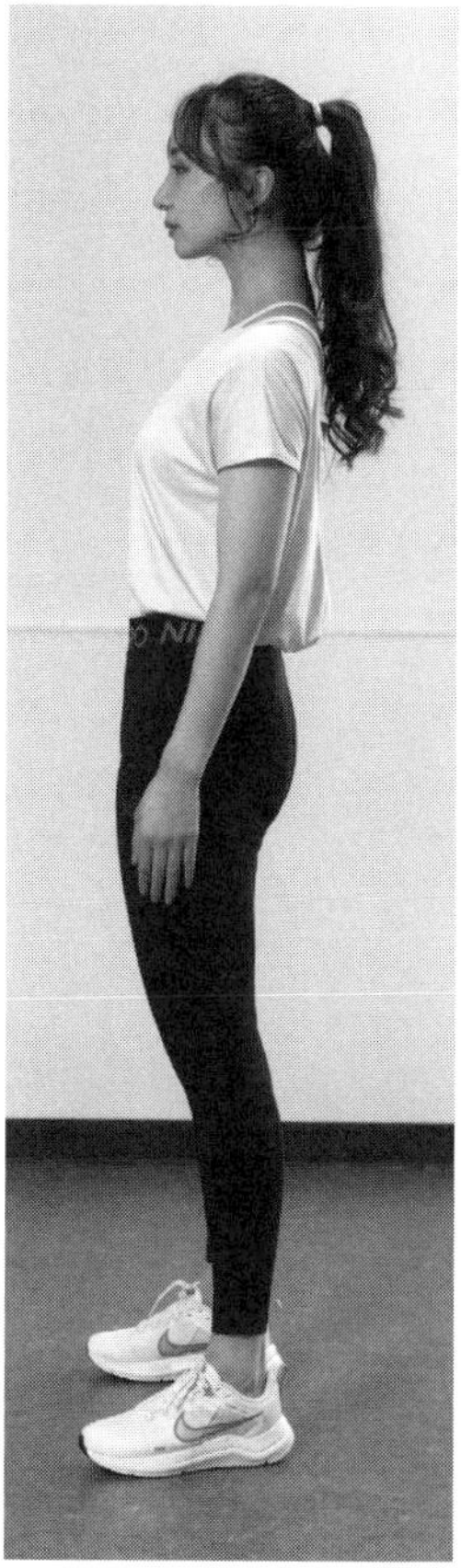

・足指を使う練習（後ろ重心の歩き方を変える）
・全身の力を抜く練習（リラックス：漸進性筋弛緩法）

詳しいトレーニング内容は、第5章で紹介していますので、そちらを参考に実践してみてください。

骨格タイプ4 SP スパイラルタイプ

「スパイラルタイプ」は、肩、腰、骨盤の高さが左右で違うタイプです。肩の高さの違いは、撮ってもらった写真を見た時などにわかります。どちらかの肩が上がっている場合は、スパイラルタイプの可能性が高いでしょう。

スパイラルタイプはほとんどの場合、他の3つの骨格タイプと重複しています。例えば、左右の骨盤の高さが違うのは、片側の骨盤が前傾し、もう片側の骨盤が後傾しているからです。体の歪みが多少あるのは当たり前ですが、それが強いとトレーニングで左右の効き方が異なってしまい、姿勢を悪化させる可能性もあります。また、間違ったトレーニングで正しく筋肉が使えないと、運動効率が落ち、消費エネルギーも低下してしまいます。

ほかの3つの骨格タイプには、それぞれの骨格に合わせたストレッチ&エクササイズを左右で行いますが、スパイラルタイプに関しては、取り入れるストレッチやエクササイズが体の左右で違うことが多くなります。

こんな方はスパイラルタイプ

床に寝転び、自分なりにまっすぐ仰向けに寝た状態で、脚の長さを比較します。左右の脚の長さが違う場合が、スパイラルタイプの可能性が高いです。自分でわかりにくい場合は、誰かに見てもらうといいでしょう。

左右の脚の長さが異なる場合、脚の短いほうの骨盤が後傾しており、脚の長いほうの骨盤が前傾しています。

また、座布団の上に片足立ちし、重心がどちらに寄っていくかでも、スパイラルタイプの確認ができます。例えば左脚に重心のある方は右脚で立つと脚の内側に力を入れて立つようになります。脚の内側の筋肉を使うということは、反対側の脚に重心をかける癖があるということになります。左側に重心がある場合は、左側の骨盤が後傾しており、右側の

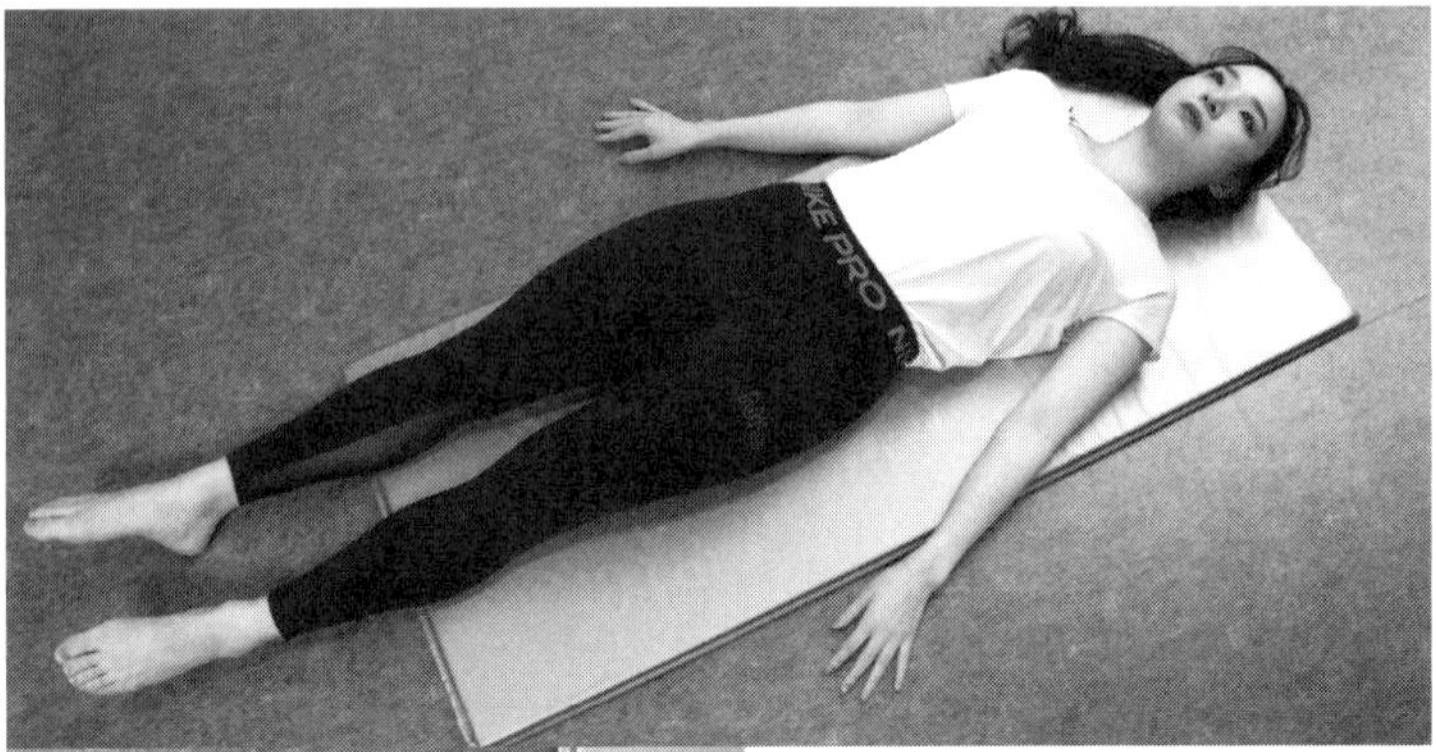

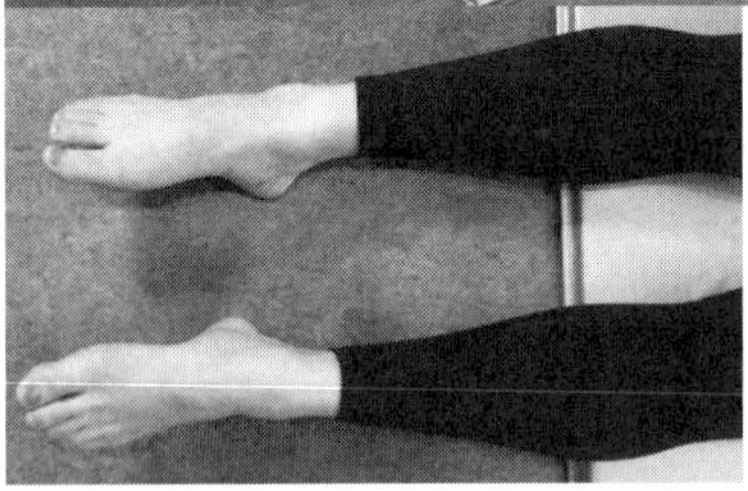

骨盤が前傾しています。

このほかにも、

・片側の首が凝る
・片側の腰が痛い
・左右で靴底のすり減り方が違う
・肩掛けバッグをよく使う
・テニスなどの片側種目をしていた
・脚を組んだとき、組みやすいほうと組みにくいほうがある
・片側がもう片側より脂肪がついている

など、左右に違いがある場合には、スパイラルタイプである可能性が高いでしょう。

スパイラルタイプの特徴

●背骨が横に曲がっている（横S字）

骨盤の角度が左右で異なることで背骨が横に湾曲し、肩や腰の位置が左右で違ってきます。

●肩の高さが左右で違う

上がっているほうの肩の巻き肩が強くなります。

●骨盤の高さが左右で違う

前述したように、片側の骨盤が前傾し、もう片側の骨盤は後傾しています。

●足の長さが短いほうの骨盤が後傾している

骨盤が後傾しているのは、スウェーバックタイプ、ストレートアーチタイプと同じです。お尻の筋肉（大臀筋）、腿裏の筋肉（ハムストリングス）が強くて硬く、前腿の筋肉（大腿四頭筋）、股関節の前から腰をつなぐ筋肉（腸腰筋）が弱い状態です。

●足の長さが長いほうの骨盤が前傾している

骨盤が前傾しているのは、フォワードタイプと同じです。前腿の筋肉（大腿四頭筋）、股関節の前から腰をつなぐ筋肉（腸腰筋）が強くて硬く、お尻の筋肉（大臀筋）、腿裏の筋肉（ハムストリングス）が弱い状態です。

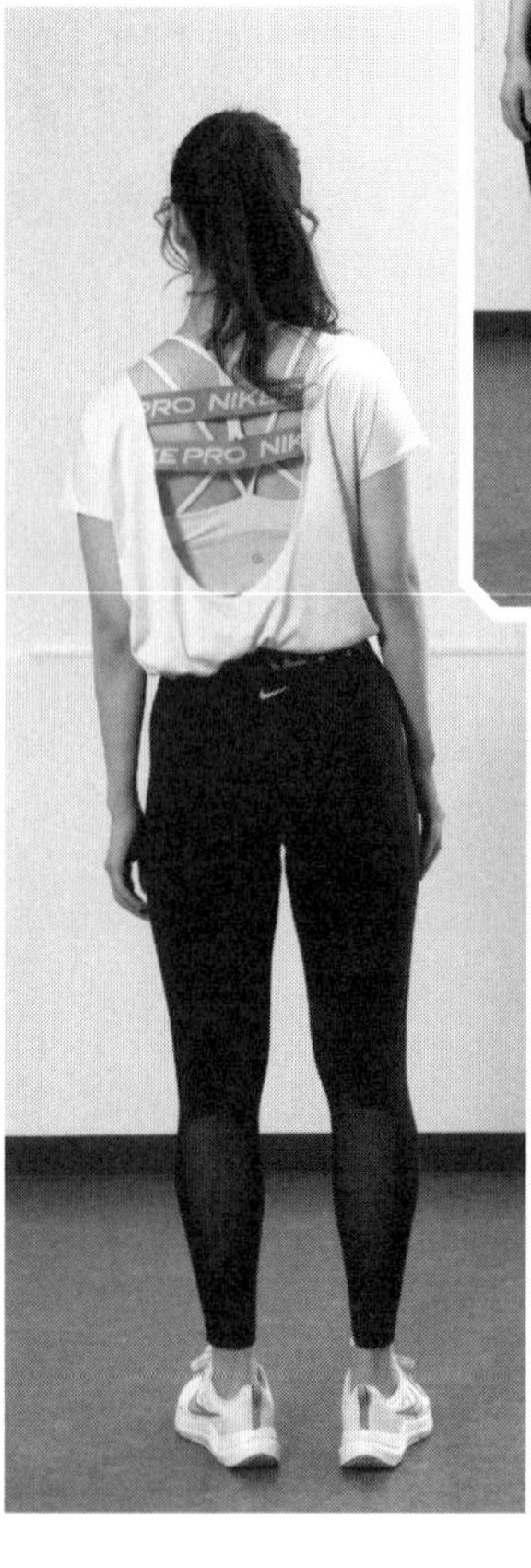

NIKE PRO

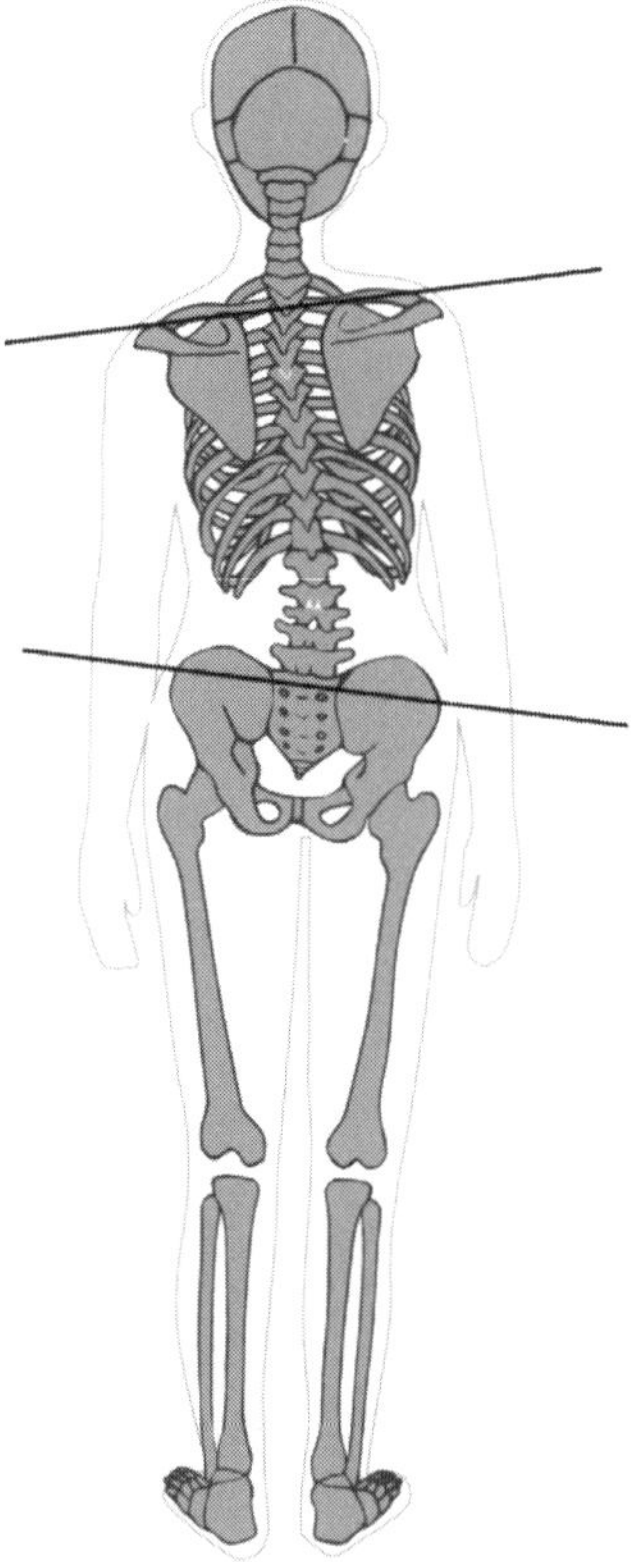

スパイラルタイプのトレーニングポイント

・足の長いほうは腸腰筋と大腿四頭筋をストレッチで伸ばす
・足の短いほうは大臀筋とハムストリングスをストレッチで伸ばす
・それぞれの足に合わせたトレーニングを行う
・体をまっすぐにした状態で体幹トレーニングを行う
・バッグをリュックに替える（片側だけに負荷をかけない）
・足を組まない

詳しいトレーニング内容は、第5章で紹介していますので、そちらを参考に実践してみてください。

そのトレーナー、「骨格」の専門知識がありますか？

「私、通っている整体で〝反り腰〟って言われるんです」

筆者のジムでは、このような指摘についてのご相談が本当によくあります。

整体師やほかのジムのトレーナーから、「反り腰だから、お腹が前に出るんです」と言われ、皆さんはそれを信じているのですが、私がチェックさせていただくと、実際に「反り腰」であるケースは、どちらかといえば少ない傾向にあります。

実は、「反り腰」かそうでないかを見分けるのは、骨格の専門知識がなければ難しいことなのです。前述の4タイプの骨格の中で「反り腰」といえるのは、骨盤が前傾しているフォワードタイプのみです。

しかし、骨盤が「後傾」しているスウェーバックタイプであるにもかかわらず、「反り腰」だと思われてしまうことが多々あります。というのも、フォワードタイプとスウェーバックタイプは、見た目の共通点があるからです。

細かく見ると違いがあるのですが、どちらの場合もパッと見ただけでは猫背でお尻のあたりがたるんでいます。これらの特徴を見ると、プロのジムトレーナーや整体師であっても、スウェーバックタイプ（骨盤が後傾）をフォワードタイプ（骨盤が前傾）だと診断してしまうことがあるのです。

骨格は体の中に隠れていて、直接見ることはできません。そのためにわかりにくいのですが、ここを間違えると「真逆のトレーニング」をすることになります。

例えば、反り腰のフォワードタイプ（骨盤が前傾）の場合、大腿四頭筋・腸腰筋が強く、お尻・ハムストリングスが弱いという特徴があります。筋肉のバランスとして、足の前側の筋肉が強く、後側の筋肉が弱いのです。

一方、スウェーバックタイプ（骨盤が後傾）の場合は、大腿四頭筋・腸腰筋が弱く、お尻・ハムストリングスが強いという特徴があります。こちらはフォワードタイプとは反対に、足の後ろ側の筋肉が強く、前側の筋肉が弱いわけです。

この2つのタイプは、筋肉のバランスが真逆ですから、ストレッチで筋肉を伸ばすべきところ、そしてトレーニングをして強化すべきところは正反対です。骨格の判断を間違えると、効果が出ないどころか、骨格の矯正においては遠回りになってしまうのです。

骨格を診断してもらうときは、その人に専門知識があるかどうかをよく確認しましょう。「真逆のトレーニング」をしてしまうと「甘いものを食べすぎてしまった」以上に取り返しのつかないことになってしまいます。

ジムに行かなくても1日5分あれば体は変わる

「骨格ポジショニングダイエット」が誰でも続けやすいのは、「1日5分」のストレッチ&エクササイズを実践すればOKだというところだと思います。

ジムに通い、プロのトレーナーをつけてじっくりダイエットに取り組むことができるなら、本当はそれがいいと思います。細かい部分まで指導してもらうことができますし、メンタル的にも心強いでしょう。

しかし、忙しい時間をやりくりして通い続けるのは大変で、ストレスも溜まります。ほとんどの方が続かないというのも無理のないことです。

では、ジムに通わずに痩せ体質の体を作るにはどうすればいいのでしょう。

その解決策として、私が行き着いたのが、この「骨格ポジショニングダイエット」です。

「骨格ポジショニングダイエット」は、**うまく使えていない筋肉を鍛えることで、日常生活に使える筋肉を増やしていきます。使える筋肉が増えれば、基礎代謝も自然に上がります。その結果、痩せ体質を作っていくことができる**のです。

しかも、その方法は1日たった5分のストレッチ&エクササイズのみです。

「本当にそれだけ？」と思われるかもしれません。一般的なエクササイズでは、胸、足、お腹、背中と、体の大きな部位を順に動かしていくのがセオリーですが、「骨格ポジショニングダイエット」ではもっと限られた部位ごとにアプローチをしていきます。

骨格タイプによってその方の使えている筋肉、使えていない筋肉がわかっていますから、使えていない部分だけを伸ばしたり、鍛えたりしていけばいいのです。

しかも、ストレッチやエクササイズを行うのは、**一つの部位に対して15～30秒程度**です。本格的な筋トレをする場合は、食事などの環境を整えた上で長時間行うこともありますが、普通にストレッチを行う場合は、30秒以上頑張っても効果は変わらないといわれています。

一つの部位にかける時間は数十秒で、しかも、ごく限られた部位にだけ行うのですから、1日5分でできます。これくらいの時間なら、忙しい方でも簡単に実践でき、続けていくことができるでしょう。

1日5分のストレッチ&エクササイズで使える筋肉を増やし、筋肉を意識しながら日常生活を送ると、骨格が徐々に変化し、理想の姿勢に近づいていきます。

骨格タイプに合わせたストレッチ&エクササイズは、第5章で詳しくご紹介していきます。自分の骨格タイプを判断した上で、無理のないところから始めていきましょう。

第3章

挫折したダイエッターが10キロ痩せた

ポジショニングダイエットが変えた6人の事例

体の仕組みを使えば「苦しまないで」痩せられる

今まで何をしてもダイエットが成功しなかったという方の多くが、「骨格ポジショニングダイエット」で効果を実感しています。

それは、無理に体を直そうとするのではなく、体の仕組みに素直に働きかけていくからです。私たちの性格に個性があるように、体にも一人ひとりの違いがあります。人によって、「よく使う筋肉」「使えていない筋肉」があるのです。

日常生活の中で長年使われずに眠っていた筋肉は、いつの間にか使えることすら忘れられてしまいます。筋肉はずっと使わないままでいると痩せ細って落ちてきます。高齢になるとお尻の肉が落ち、腿裏が痩せてしまう方がたくさんいますが、これは筋肉が落ちてしまうからです。人は25歳を過ぎると年間1％ずつ筋肉が落ちるといわれていますから、知らず知らずのうちに、使っていない部分から優先的に筋肉が落ちていった結果が、お年寄りの痩せたお尻と腿裏なのです。

そして、使えていない筋肉があると、使っている筋肉は余計に働かなくてはなりません。

筋肉は使いすぎるとガチガチに緊張し、硬くなります。これが体の骨格のバランスを崩し、さまざまな歪みを生み出してしまいます。

「骨格ポジショニングダイエット」では、**体の中に眠っている「使えていない筋肉」を目覚めさせ、きちんと使えるようにすることで、骨格の歪みを整えていきます。**

「でも、筋肉が落ちてしまったのに、目覚めさせることができるの？」

と、心配になるかもしれませんが、大丈夫です。筋肉は、鍛えればちゃんと復活してくれます。ただし、今まで眠っていただけに、最初は脳から指令が来ても反応が鈍くなります。病気やケガでベッドに寝たきりになっていた方が急には動けないのと同じで、リハビリが必要です。

また、これまで頑張ってきた筋肉も急な変化に対応できません。リハビリをしようとしても、今までどおり働いて、眠っている筋肉をカバーしようと邪魔することもあるのです。そのため、まずは**ストレッチで固まった筋肉を伸ばしてほぐしながら、眠っている筋肉をトレーニングで呼び起こし、少しずつ鍛えてあげること**が重要になります。

一般的な筋トレであれば、トレーニング前にストレッチを行うと筋肉の出力が落ちてしまうので、ストレッチはトレーニング後に行うのがセオリーです。しかし、「骨格ポジショニングダイエット」では、あえてその逆を行います。固まった筋肉を伸ばさないと、結局使いたい筋肉を目覚めさせることができないからです。

あなたの体の筋肉はいかがでしょうか？

骨格のタイプからあなたの「よく使う筋肉」「使えていない筋肉」を知り、バランスよく使えるようにしていくところから、ダイエットをスタートさせていきましょう。

続かないはずが、「いつの間にか」結果が出ていた！

私のジムに通われているH様という50代の女性は当初、足の筋力がとても弱っておられました。椅子から立ち上がるのもひと苦労。床から立つ時は何かにつかまらなければ立ち上がれないほどで、同年代の女性の中でもかなり重症ではないかと感じました。

H様の骨格を確認してみると、体の左右がアンバランスなスパイラルタイプで、さらに体力がなく、全体的に筋肉をうまく使えていない状態でした。

そこで私はH様に、最初にストレッチで左右の筋肉のバランスを整えた上で、徐々に筋肉を鍛えていくようなトレーニングメニューをご提案しました。また、ジムでの運動だけでなく、日常生活の中でも筋肉を意識することをアドバイスしたのです。

例えば、歩いているときに「今、お尻の筋肉を使っているな」「前腿の筋肉を使っているな」などと意識することで、自然と歩幅が広くなり、筋肉を使えるようになります。

よく、「足の筋肉を鍛えるために、意識して大股に歩きましょう」と言ったりしますが、大股を意識するのではなく、そこで使う筋肉を意識することで、体は自然と大股で歩くようになっていくのです。

H様が私のジムに通われるようになってまだひと月ほどですが、「立つ・座る・歩く」の動作で、自分がどの筋肉を使っているかを感じられるようになったといいます。

H様は以前から通勤電車の中で立っている間、内股に力を入れてどれくらい踏ん張ることができるかを試しておられました。以前は電車が動き出すとすぐにふらついていたのに、今は電車に乗っている間は一度もふらつかず、踏ん張っていられるようになったそうです。

「毎日の電車で効果が実感できるようになると、もっと頑張ろうという気持ちになりますね」

と、H様はうれしそうに話してくださいました。

ダイエットというと、「30分走らないといけない」「厳しいトレーニングで体を絞らなき

第3章

ゃいけない」と、難しいことを考えがちですが、そのような茨の道を歩まなくても、普段の生活の中でできることがあります。

日常生活の動きを意識することは誰でも無理なく続けられますよね。それだけで体が勝手に運動してくれて、いつの間にか結果につながっていくのですから、挑戦しない手はないでしょう。

骨格が変わると人生が「土台」から生まれ変わる

姿勢がいい方は、ぱっと見たときに凛とした美しさを感じます。

ダイエットでどれほど体重が減ったとしても、背中が丸まったまま、お腹がぽっこり出たままでは、残念ながら見た目の美しさも半減してしまいます。

美しさの基本は「姿勢」にあると思います。そして、骨格を美しく整えることが姿勢の美しさにもつながります。

人は見かけではないといいますが、見かけにはその人の気持ちが現れます。

「きれいになりたい」「健康になりたい」と、前向きに努力をする方は、明るくハツラツとして、周囲にも好印象を与えます。しかも、ダイエットが順調に進めばそれは自分の自信にもつながり、その人をより輝かせてくれるでしょう。

また、骨格が整い、筋肉がうまく使えるようになると、体の内側にも変化が現れます。例えば、内臓はお腹の筋肉でしっかり支えられることで、より働きやすい環境が整いますし、関節も筋肉で守られて痛めるリスクが減ってきます。

このように、体の外側にも内側にも好循環が生まれてくるのです。

「骨格ポジショニングダイエット」は、あなたの人生を土台から変えていきます。ここからは、実際に「骨格ポジショニングダイエット」でさまざまなものを手に入れた方たちの実例をいくつかご紹介していきましょう。

CASE 1 体が引き締まって自信がつき、新婚時代に「若返り」

——60代女性〔ストレートアーチタイプ〕⬇5キロ減を7年キープ

私のジムに通われるお客様の中には、以前からフィットネスクラブやトレーニングジム通いをしている方も少なくありません。そして、そのほとんどが「トレーニングをしても、あまり効果を実感できなかった」というモヤモヤを抱え続けてきた方です。

I様もそんなモヤモヤを感じていた一人でした。

運動が好きで30年以上フィットネスジムに通っていながら、思うような効果が得られなかったといいます。また、トレーニングの途中でケガをすることが多く、ちゃんとしたトレーナーに見てほしいと思い、私のジムにいらっしゃいました。

I様がケガをしやすい理由はとてもシンプルです。骨格がストレートアーチタイプで、体が硬く、体の力をうまく抜くことができないのです。

ずっと力んだ状態でトレーニングをしているため、本来使いたくない筋肉に無駄な負荷がかかり、それがケガにつながっていました。

トレーニングでは、まず、そのことをI様に説明し、ひたすら力を抜く練習をしていただきました。そして、ストレッチで後ろに倒れた骨盤を前に戻しながら骨格に合わせた筋トレを続けた結果、I様は5カ月ほどでマイナス5キロを達成されたのです。

I様はもともときれいな方ですが、5キロ痩せたことで見た目がよりスッキリしました。また、ストレートアーチタイプ特有の、まっすぐの寸胴体型にメリハリが生まれ、以前よりも若い印象になりました。

「骨格に合わせてトレーニング方法を教えてくれる先生には今まで会ったことがなかったですね。でも、町田先生のトレーニングのおかげでメリハリができたし、お尻が素敵と言われるようになったんですよ」

と、周りからも褒められる体型を手に入れて、I様はとても喜んでいらっしゃいます。

実は、I様の旦那様も私のジムのお客様で、奥様と同じストレートアーチタイプの方でした。二人で一緒にジムに通われ、旦那様のガチガチに固まった体にもさまざまないい変化が見られました。

お二人揃って若返り、海外旅行などを楽しまれているようです。時々、海外からお二人の写真を送ってくださるのですが、I様曰く、「新婚時代に戻ったよう」とのことでした。

ジムに通われるようになって今年で7年。途中、旦那様のお仕事で海外に赴任された時もオンラインでレッスンを受けるほど、ずっとトレーニングを継続しておられます。I様は現在60代ですが、今も変わらずおきれいで、メリハリボディをキープしておられます。

「もっと歳を取っても、フィットネスジムで誰かに教えているようなおばあちゃんになりたいんです。私には、先生の指導で体が変わったエピソードがありますから、それを人にも伝えていきたいです」

これがI様の目下の目標だそうです。

自分に自信が持てるようになったことで、I様の人生は以前にも増してイキイキと楽しいものになっているようです。

CASE 2 運動嫌いを克服し、体力がついて「登山の趣味」をスタート

――30代女性〔フォワードタイプ〕➡2カ月で6キロ減

令和元年（2019年）に厚生労働省が行った調査によると、運動習慣のある人は男性で33・4％、女性で25・1％だそうです。

私のジムは女性のお客様が多いのですが、来店する割合では、4人のうち3人は「運動習慣のない人」です。

30代前半のJ様もそのうちの一人でした。小学校のころから体育が苦手で、休み時間も教室の中で、読書やお絵描きをしているタイプだったそうです。

「私って、昔から出不精なんです」

そう言う彼女は、いわゆる「インドア派」で、自分が運動をするイメージが全く湧かないと当初はおっしゃっていました。

大人になり、働き始めても、休日は家でDVDを見たり、インターネットサーフィンをしたりして過ごすことが多かったそうです。

ですが、ある時高校の同窓会に出かけ、悲劇が起こりました。

当時憧れていたクラスのKさんに再会し、隣の席でお食事をしながら談笑することに。そこまではよかったのですが、お腹いっぱい食べて、お酒を飲んで大笑いをした瞬間、シャツのボタンがはじけ飛び、Kさんの前に落ちたのです。

Kさんの「一瞬引いた表情」を見逃さなかったJ様は、ショックを受け、ダイエットを決意したそうです。そこで私のジムの扉を叩いてこられました。

J様はフォワードタイプでしたので、骨格に合わせ、「反り腰」用の腹筋トレーニングや腿裏を鍛える運動を続けていただきました。

すると、今まで硬くて動かなかった筋肉が動かせるようになり、また、関節の可動域が大きく変わりました。

「あれ？　私、運動が苦手だと思っていたけど、意外とできるかも……」

J様は、体が楽に動かせるようになったことで、人生初の「運動習慣」をつくることができたのです。しかも2カ月で6キロ減量というダイエットにも成功されました。

今では趣味として登山を始め、新たにアウトドアの仲間と出会い、充実した毎日を過ごしているようです。「骨格ポジショニングダイエット」は必要な筋肉をつけ、可動域を増やすことで、運動が苦手という思い込みすら、克服してしまう効果があるのです。

CASE 3 息子の「自慢のママ」になり、友人からも注目の的

——40代女性〔スパイラルタイプ〕⬇4カ月で10キロ減

30代は気にせず食べても太らなかったのに、40代になったら急にぽっちゃりしだして、

ダイエットをしても元に戻らない……。俗にいう中年太りは、誰にでも起こることです。

L様は、もともとぽっちゃり体型だったそうですが、40歳を前に旦那様と毎日ジュースを飲むことがルーティンになり、運動不足も手伝って、ほんの数年で体重がみるみる増えてしまったそうです。そこで、健康になりたい、きれいになりたいという気持ちで私のジムにいらっしゃいました。

L様が特徴的だったのは、パッと見ただけでわかるほど左右の肩の高さが違っていたことです。これはスパイラルタイプの方に見られる特徴です。

以前から写真を撮る時に肩の高さを指摘されることがあり、ご本人も気になっていたそうですが、息子さんの写メに偶然写っていた自分の後ろ姿を見た時に、「ゾッとした」と言います。また、その時に息子さんから、さらにひと言。

「お母さん、太ったよね？」

と言われたことにも追い討ちをかけられました。

太ったと自分でわかっていても、息子さんから言われるのはショックなものですよね。

「このままではいけない」「痩せて自慢のママと言われたい」、その思いがL様のダイエットの大きなモチベーションになりました。

L様のようなスパイラルタイプの方は、左右で骨盤の傾きが違います。L様の場合は左足に重心をかける癖があり、左の骨盤が後ろに倒れ、右の骨盤が前に倒れるような歪みがありました。

骨盤が後ろに倒れている左側は、前腿の筋肉が伸び、腿裏の筋肉が緊張している状態です。反対に、骨盤が前に傾いている右側は前腿の筋肉が緊張し、腿裏の筋肉が伸びている状態になります。そのため、左右別のストレッチで骨盤を整えてから、それぞれの弱っている筋肉を鍛えるトレーニングを行うようにしました。

ご自宅でできるトレーニング法も熱心に行われ、4カ月で10キロの減量に成功。そして、骨格が整っていくのと並行して肩の高さの違いも徐々になくなっていきました。

10キロも痩せると服のサイズもかなり変わります。ダイエット前に着ていた服はウエストがブカブカで着られなくなり、30代のころに着ていた服に余裕で体が収まるようになったそうです。こうした結果に満足されながら、L様にはたった一つ不満がありました。それは周囲からの反応です。

「自分では結構痩せたと思うのに、誰も痩せたって言ってくれないんですよね」

と、納得できないご様子で、ジムに来られた時にもよくおっしゃっていました。

しかし、周囲が無反応だったのは、実は痩せすぎが原因だったのです。L様がある食事会に参加された時、隣に座ったお友達から、

「ずっと聞きたかったんだけど、そんなに痩せたのはどうして？　具合が悪そうには見えないけれど、あまりに痩せたから、もし病気だったらと思うと聞きづらくて……」

と、質問をされたそうです。

L様はみんな気づいてくれないと思っていたのですが、周囲は痩せてほっそりしたL様を気遣っていたわけです。今では誤解も解け、L様は周りのお友達から羨望の眼差しで見られているとのこと。

もちろん、息子さんの「太ったよね？」という言葉も取り消され、以前よりも仲よくなったとおっしゃっていました。

今でも健康管理、体型の維持のためにジムに通ってくださっていますが、自分に自信が持てるようになり、積極的に毎日を楽しんでおられるようです。

CASE 4
20代のころの服を着て、日本全国を旅する
——60代女性〔ストレートアーチタイプ〕➡4カ月で16キロ減

M様は、変形性膝関節症を発症し、立ったり歩いたりする動作にも痛みを感じておられました。そこで、体重を減らして膝の負担を軽くしなければと思い立ち、パーソナルジムを探されたそうです。そんな時、私のジムが骨格を判断し、整体を取り入れたトレーニングを行っていることを知り、連絡をくださいました。

M様のダイエットには、大きな2つの目標がありました。

1つは、海外旅行に行くこと。もう1つは、若いころの服が着られるようになることです。海外旅行については、私のジムに来られた時点で、3カ月後に海外に旅行する計画を立てていらっしゃいました。

「旅行までにもう少し体力つけ、膝の痛みも和らげて、旅先で自由に歩けるようになりたいんです」と、少し不安そうにおっしゃっていたM様でしたが、実際にトレーニングを始めてみると、私が想定していたよりも早いスピードで、どんどん痩せていかれました。

というのも、ジムで指導した歩き方を実践したM様は、歩くことが楽しくなり、お住まいのマンションに併設されたスポーツクラブで、毎日ウォーキングマシンを使って正しく歩く練習をされたのです。たっぷり有酸素運動をすることで脂肪が燃焼しやすくなり、体重は減るし、練習にもなるし、という相乗効果を得ることができました。そして、膝の痛みも、体の使い方がよくなるにつれて消えていきました。

ストレートアーチタイプのM様は、全身に力が入り、全ての関節が硬くなっているような状態でした。それをほぐすストレッチを行い、眠っていた筋肉を使えるような筋トレを行うことで、前腿の筋肉を中心に使っていた体の動かし方が改善しました。その結果、膝関節への負担を軽減し、痛みを解消することができたのです。

「もう長い間、横断歩道を小走りで渡るのも大変でした。でも、今は走っても膝が痛くないんです」と、喜んでくださいました。

目標にしていた海外旅行はコロナ禍で中止となりましたが、今は旦那様と一緒に日本全国を旅して楽しんでおられます。また、若いころの洋服を着られるようになりたいという目標も、しっかりクリアされました。20代に購入したお気に入りの服が太って着られなくなってしまい、それでも思い入れがあって処分できずにいたそうです。

今回、「骨格ポジショニングダイエット」を実践されたことで、体を昔のサイズに戻すだけでなく、ストレートアーチタイプ特有のまっすぐな体型からメリハリのある体型に変わることができました。

「いつかは着られるようにと思っていた洋服が、本当に着られるなんて！」

実際に洋服を着られた時には大変感激されたそうです。うれしさのあまり、私にもその時のお写真を送ってくださったほどです。

M様は1年ほどジムに通われ、今はご自分でストレッチと筋トレを続けておられます。

時々、お電話で今の状態を報告してくださるのですが、

「先生が教えてくれたことを毎日続けて、調子のいい状態をキープできています」というお声を聞くと、私もうれしくなります。

CASE 5 妊娠中の不調が激減し、「スピード安産」「産後太りゼロ」を実現

——30代妊娠女性〔スウェーバックタイプ〕

N様は、妊娠中でもトレーニングができる知識を持ったトレーナーさんを探し、私のジ

ムの体験に来られました。私がジムのブログに書いた妊娠中の方向けの記事をご覧になり、試してみようと思われたそうです。

昔は、妊娠中の運動はいけないといわれていましたが、今は適度な運動ならむしろしたほうがいいと考えられるようになっています。もちろん、やってはいけない運動もありますが、きちんと配慮をすれば運動のメリットはたくさんあります。

妊娠中に運動をしていると、生まれてくるお子さんの性格が比較的穏やかになることが海外の論文で発表になっていますし、分娩時間が短縮される、安産になる、妊娠中の腰の痛みが緩和されるなどともいわれています。

私のジムでは、妊娠15週から35週までトレーニングをしていただくことができます。妊婦さんの場合、仰向け、うつ伏せの運動は避け、横向きの運動を中心に行います。

N様は、妊娠される前に都内のパーソナルジムに通っていたそうです。

「重たい重量のトレーニングを指導されたのですが、どこに効いているのか全然わからないし、すぐに疲れてしまって。ただやらされている感覚でした」

N様は自分で効果を実感できないまま、健康のためにと続けておられたのです。

「N様の場合、スウェーバックタイプという骨格で、腿裏の筋肉が硬すぎるために疲れやすいんです。それに、背中が丸まって肩甲骨が開いた状態になっているので、背中のトレーニングもうまく効かなかったのだと思いますよ」とお伝えし、骨格の特性に合わせたトレーニングとストレッチを試してみたところ、しっかりと筋肉に効いていることを実感され、ジムに通われるようになりました。

35週までトレーニングをされたN様は、妊娠太りもなく、理想の体重をずっと維持されていました。そして出産は、お医者さんがびっくりするほどの安産だったそうです。分娩時間も短く、辛くなかったとおっしゃっていました。

私のジムには保育士がいて、お母さんもお子さんを連れてジムに来ることができます。N様も赤ちゃんを連れて継続してジムに通っておられるのですが、出産された後も体型の崩れがなく、すぐに元の体型に戻っていました。

また、一つ興味深いのは、お母さんがトレーニングをしている間、赤ちゃんがとても落ち着いていることです。私のジムには、N様以外にも妊娠中からトレーニングをし、出産後はお子さん連れでジムに通われるという方が結構いらっしゃるのですが、どのお子さんも皆穏やかに時間を過ごしています。これには、ジムの保育士もびっくりしています。

お子さんたちが落ち着いている理由は一つではないかもしれませんが、お母さんたちが妊娠中にトレーニングをしていたことも、少なからず影響しているのではないかと思えてきます。

CASE 6 ごはんを食べながら激痩せして、ボディメイクコンテストで入賞
――30代女性［フォワードタイプ］➡25キロ減

「私、運動もしているのに、ぜんぜん痩せないんです」

初めてお会いした時に、O様はそうおっしゃっていました。

若いころは何を食べても太らなかったのに、歳をとるにつれて20キロ太ってしまい、トレーニングジムに通われるようになったそうです。

「トレーナーさんに言われたとおりにしているのに、お腹は引っ込まないし、腹筋を鍛えるとすぐに首が痛くなっちゃいます」

このお話をうかがって、O様はフォワードタイプだと察しがつきました。

フォワードタイプの方は、いわゆる反り腰で、腹筋がうまく使えないのです。それをなんとかカバーしようとするために、無意識のうちに首の筋肉に負担をかけているのです。

私がそのことをお話しすると、O様も「そうだったのですね！」と納得され、骨格に合わせたトレーニングを行うことになりました。

実際にトレーニングを始めてみると、「ほかのジムで行っていたトレーニングよりも簡単そうなのに、町田先生のトレーニングはきついですね」と、O様はびっくりされていました。

以前のトレーニングでは40キロの重さを担いでスクワットをしていたそうですが、その時はきついと感じなかったそうです。ところが、私がお伝えした、重い物を担がず、ただ、足を前後に開くだけのトレーニングはきついと感じられたのです。

きついと感じるのは、自分で筋肉に効いているのがわかるからです。筋トレは、自分で使っている筋肉を意識して行うと効果が上がります。つまり、O様にとってこれはとてもよいことなのです。

その後のO様の変化には、トレーナーの私も目を見張るものがありました。とにかく、見た目の変化がすごかったのです。体が引き締まり、30代の体型から20代の体型に若返った、という印象でした。

フォワードタイプのO様は、お尻と腿裏の筋肉が弱く、そこを多めに鍛えたことで、ヒップラインが上がり、ボディラインも美しくなりました。

そこで、私はO様に一つの提案をしました。

「ボディメイクコンテストに出てみませんか？」

ボディメイクコンテストは、肉体美を競う大会です。最近のボディメイクブームで、興味を持っている方も多いと思います。

大会の写真やユーチューブの動画を一緒に見ていると、O様は、「私、出てみたい。あの舞台に立ってみたい！」というお気持ちになり、コンテストに向けて頑張ることになったのです。

実際にコンテストにチャレンジした結果は、初出場ながら10位入賞という素晴らしい成績でした。とても出場者の多い大会ですから、その中で10位に入るというのは本当にすごいことです。

O様は、美しいボディになり、周囲から「どうしたら、そんなにきれいに痩せられるの？」「Oさんみたいになりたい！」、と言われるようになったと喜んでおられました。

大会に入賞したこともあり、今は自信に満ち溢れ、さらに美しく輝いて見えます。コンテストでスポットライトを浴びる感覚が気持ちよかったそうで、「先生、次の大会も頑張りますね」と、張り切っていらっしゃいます。

O様のダイエットについては、もう一つお伝えしたいことがあります。

O様は、8カ月で25キロも減量されたのですが、最初はなかなか減りませんでした。それは、以前のジムでの食事指導が染み付いていたからです。

負荷をかけたトレーニングと並行して、食事の糖質制限の指導を受け、かなり長い間、炭水化物をとらない生活をしておられました。

私からすると、過度な糖質制限はダイエットに逆効果です。筋肉をつけるには糖質も必要です。それが不足していると、眠っている筋肉をうまく使うことができなくなります。

「悪い油を減らして、適度に炭水化物をとるようにしないと、体重が停滞してこれ以上落ちないですよ」と説明をするのですが、O様はその切り替えがうまくできずにいました。

お米を食べると、どうしても太ってしまうイメージがあって、「本当に、こんなに食べていいの？」と、食べることを躊躇してしまうのです。

「それなら、まずは朝だけ、ごはんを食べてみませんか？」という私の提案に、O様は覚悟を決めてごはんを食べてみることにしたのですが、その結果はすぐに現れました。体に燃える栄養素を入れたことで、体重がぐんと落ちたのです。それを実感されてから、O

様も抵抗なく炭水化物がとれるようになりました。

食事でダイエットをしようとすると、食事を減らすなど、頑張りすぎて体重が落ちないという方は結構多いのです。食事はガソリンです。入れないとエネルギーが燃えず、基礎代謝も下がってしまいます。

何をしても痩せない、体重が停滞しているという方は、「食事＝太る」という感覚に縛られてはいないでしょうか。ぜひ、食生活の見直しも行っていただきたいと思います。

本章の冒頭で、骨格が変わると人生が「土台から」生まれ変わるとお伝えしましたが、O様もまさに人生が大きく変わられた一人だと思います。私のジムに来られた時点では、まさか自分がボディメイクコンテストに出場するとは考えておられなかったでしょう。

あなたの人生はどうでしょうか。ぜひ、自分の未来にワクワクしながら、「骨格ポジショニングダイエット」に挑戦してみてください。

第4章

今日から始める「骨格ポジショニングダイエット」5つのステップ

「痩せる目的」と「痩せた自分」をノートに書き出してみる

私のジムに通われるお客様には、トレーニングメニューをご相談する前にカウンセリングをさせていただいています。

最初にお聞きするのは、

「どこを変えたいですか？」

「どのように変えたいですか？」

という2つの質問です。

お客様の答えは、「体重を減らしたい」「脚を細くしたい」「膝の痛みを和らげたい」などさまざまですが、この質問で、その方が自分の体に対してどんな課題意識を持っているかがわかってきます。

そして、さらにお聞きするのが、

「変えて、どうなりたいですか？」

という質問です。

これが課題解決の重要な鍵になります。

「なぜ変えたいと思ったのか」という動機があり、「変えて、どうなりたいのか」という目的が必ずあります。

例えば、「体重を20キロ減らしたい」という方の場合、その方にとって20キロ減量することは手段でしかありません。誰かに太ったと言われた、以前の服が着られなくてショックだったといった動機があり、「痩せてきれいになって、こうしたい」「こんなふうになりたい」という目的を持ってジムに来られたはずなのです。

ところが、実際にカウンセリングをしていると、自分の目的に気づいておられる方はとても少ないと感じます。

大抵のお客様は、私がどうなりたいかとお聞きすると、「きれいになって、人からよく見られたいです」とお答えになります。

「よく見られたい」というのは、傍からすると、それがその方自身の目的のように見えますが、実は自分のことを他人の評価に委ねています。

もともと日本人には、人からどう思われるのかを気にする国民性があり、自分の気持ちを後回しにしがちです。これを続けていると、「私はこうしたい」「私はこうなりたい」という、本当の目的がわからなくなってしまうのです。

これまで多くの方のダイエットをサポートさせていただいた経験から、曖昧な気持ちのままで始めると、ダイエットを続けるのが難しくなるケースが多いことを実感します。目的を持って進めるほうが、ワクワクしながら楽しくトレーニングができるでしょう。だからこそ、最初にお客様のお話をしっかりうかがい、真の目的に気づいていただくのです。

そして、お客様の真の動機がわかったところで、最後に

「いつまでに変わりたいですか？」


と、お聞きします。

目的＝ゴールをどこに置くかが決まると、そこに到達するまでのルートが見えてきます。最短でスピーディに進むコースもあれば、ゆっくり余裕を持って進むコースもあります。お客様と相談しながら、その方に最も適したプランを考えていくのです。

また、カウンセリングでお客様自身にお話しいただくことは、私やスタッフがお客様の目的を共有するためだけでなく、お客様にとっても大切な作業だと思っています。

人に何かを伝えるには、自分の考えを整理する必要があります。一人で考えているとモヤモヤすることも、人に伝えようとすることで「私が言いたかったのは、こういうこと

図4-1 目的を達成するための「ダイエットチャート」

Diet chart

Q どこを変えたいですか?

例) ぽっこりおなか

Q どんなふうに変えたいですか?

例) おなかを引き締めて、メリハリのあるボディにしたい

Q 変えて、どうなりたいですか?(ゴールを決める)

例) きれいになって周りから注目されるようになり、憧れられる存在になりたい。街を歩いていても人目を引き、モテるようになりたい。ダイエットが成功したことで、自信をもって仕事ができるようになり、社内でもデキる社員として注目されるようになりたい。素敵な男性と出会って結婚し、幸せな人生を送りたい。

Q いつまでに変わりたいですか?

例) 1年間でメリハリボディを手に入れたい。

Q ゴール達成までのプロセスをイメージしてみましょう

体重							
kg	kg	kg	kg	kg	kg	kg	kg
ウエスト							
cm	cm	cm	cm	cm	cm	cm	cm

START　　GOAL!

第4章

だ」とはっきり見えてくる場合もあるのです。

しかも、ただ思っているだけよりも「文字に書いてみる」「口に出して言ってみる」「誰かに伝えてみる」と行動を広げていくほど、その思いは強化されていきます。

不思議だと思われるかもしれませんが、ぜひ、やってみてください。「私はこうしたい」「こうなりたい」というイメージが具体的になるほど、何をすればいいかがはっきりしてきますし、ワクワクしながら楽しく実践できると思います。

ジムのカウンセリングでは、こうした作業をお客様と一緒に進め、個別のカルテに記入していきます。一人でもできる作業ですから、前ページの内容を参考に、ぜひご自分でも試してみてください。それがゴールに向かう第一歩です（図4－1）。

あなたの体の変化を喜んでくれる5人の顔を思い浮かべる

ダイエットに限りませんが、私は、自分のことだけを考えるエネルギーより、「誰かのために」という気持ちのこもったエネルギーのほうが強くなると思っています。

たとえば私の妻は、自分の友達から「旦那さん、年齢より若く見えるね」と言われると、うれしいそうです。また、両親も周囲から「息子さん、いつも姿勢がいいよね。若いよね」などと言われると、うれしくなるといいます。

私は今、30代半ばですが、職業柄、体型に気をつけているため、同世代の男性の中では姿勢がよく、若く見られます。そのことを自分の両親や妻が喜んでくれると、私もうれしくなってきます。自分がきれいになることで、喜んでくれる人がいる。そう思うと、さらにやる気が増してくるのです。

食事が不規則になった時でも、「みんなのためにお腹ぽっこりにならないようにしないと」「少し食事を控えてトレーニングをしようかな」といった気持ちになってきます。

こうした気持ちになるのは、みんなが喜んでくれると、私自身がうれしいからです。

第3章の事例でご紹介したL様は、息子さんに「太ったよね？」と言われたことがきっかけでダイエットを始められましたが、気持ちは私と同じだと思います。「息子のためにも、いつまでも若くてきれいなママでいたい」という気持ちが、ダイエットを続けていく大きなモチベーションになったでしょう。

ダイエットによるあなたの変化を喜んでくれるのは、誰でしょうか。まず、5人の顔を思い浮かべてみてください。ご両親やパートナー、お子さんかもしれません。あるいは、仲のいいお友達という場合もあるでしょう。婚活中という方は、これから出会う将来のパートナーでもいいのです。その方が喜んでいるところをイメージすると、頑張ろうというエネルギーが湧いてくると思います。

誰かのためにというと、「将来子どもに面倒をかけないために」といった理由から健康を気遣う方がいます。年齢を重ねるほど、このように考える方も増えてくるでしょう。

ですが、せっかくならもっと若いうちから「誰かを喜ばせる」ことをイメージし、ダイエットや健康づくりに取り組んでいただきたいと思います。そんなふうに考えるほうが、人生をより楽しめるのではないでしょうか。

自分の骨格特性と痩せない理由を把握する

ダイエットを成功させるためには、まず、自分の骨格を知り、その特性に適した方法を選ぶことが大切です。

すでにご紹介したとおり、本書では、骨格の特性を4つのタイプに分けています。巻頭の診断チャートやチェック項目を使うと、すぐに自分のタイプを見つけることができます。

この章では、4つの骨格特性ごとに痩せない理由についてお話ししましょう。骨格の特性を知ると、「**使えていない筋肉**」と「**硬くなった筋肉**」がわかってきます。ダイエットをしても痩せられないのは、この2つの筋肉が大きな要因となっています。

「使えていない筋肉」は、体を動かしても機能していない筋肉です。筋肉は使えないと萎縮し、だんだん落ちていきます。筋肉が落ちると基礎代謝も落ちるので、痩せにくくなっていきます。

その反対に、一方の「硬くなった筋肉」は、使いすぎて緊張している筋肉です。筋肉の柔軟性が低下すると関節の可動域が狭くなり、体はガチガチの状態になってしまいます。体が硬くなると血流の停滞が起き、血の巡りが悪くなります。体の老廃物や脂肪、酸素も、血流に乗って移動します。それが滞ると、やはり痩せにくくなってしまうのです。

骨格によって、これらの「使えていない筋肉」と「硬くなった筋肉」の部位は異なります。つまり、**痩せにくい原因となる部位がタイプによって違う**わけです。

今、自分の体の筋肉がどのような状態にあるのか、骨格ごとに確認してみましょう。

FW フォワードタイプ（反り腰）

▼硬くなった筋肉　股関節の前から腰をつなぐ筋肉（腸腰筋）、前腿の筋肉（大腿四頭筋）、ふくらはぎ

▼使えていない筋肉　お尻（大臀筋）、腿裏（ハムストリングス）、お腹の筋肉（腹直筋）

歩くときにお尻と腿裏の筋肉が使えず、それを補うためにふくらはぎを酷使しています。使いすぎたふくらはぎの筋肉は緊張して硬くなり、血流が停滞してむくみやすくなります。

SB スウェーバックタイプ

▼硬くなった筋肉　お尻（大臀筋）、腿裏（ハムストリングス）

▼使えていない筋肉　股関節の前から腰をつなぐ筋肉（腸腰筋）、前腿の筋肉（大腿四頭筋）、お腹のインナーマッスル（腹横筋）

スウェーバックタイプの方は、お腹の筋肉がうまく使えずに骨盤が後ろに傾きます。そして、骨盤に合わせてお尻も下がります。お尻と腿裏の筋肉が緊張して硬くなっており、お尻の下がった部分に血流が停滞して老廃物が溜まりやすくなります。

SA ストレートアーチタイプ

スウェーバックタイプと同様に、骨盤が後ろに倒れているため、お尻の下部分に血流が溜まります。また、常に体に力が入った状態で硬くなっており、全身の関節の可動域が狭く、筋肉がうまく使えない状態になっています。筋肉が使えないと消費カロリーも少なくなります。1日では差がなくても、積み重ねると大きな差となってしまいます。

SP スパイラルタイプ

フォワードタイプやスパイラルタイプの状態が複合して起きている場合が多く見られま

す。体の左右どちらかに重心を置いているために、体の筋肉を均等に使えていません。酷使されている片側の筋肉は緊張し、血流が停滞しやすくなります。右利きの人は左側重心になりやすくなります。

ひと言で「痩せない」といっても、体の中で起きていることはその方の骨格の状態によって異なります。自分の骨格に合わせた方法で「痩せない」状態を変えていきましょう。

適正体重、適正体脂肪率、適正筋肉量の数字を確認する

この章の冒頭に自分の目的を明確にすると書きましたが、併せて自分の体の適正値を知っておくことも大切です。

例えば、「あと10キロ減らしたい」という場合、もともと適正体重の方が実行すると痩せすぎになる場合があります。反対に、10キロ減量しても適正体重より重いという方もいます。その場合は、さらにあと数キロ体重を減らすことを考えてもいいでしょう。

自分の体の適正な値を知ることは、自分のダイエットプランを検証するきっかけにもな

ります。値はそれぞれ、次のような計算式で求めることができます。

●適正体重

身長（m）×身長（m）×22＝適正体重

１６０cmの方の場合は、

１・６×１・６×22＝56・32となり、適正体重は56・32キロとなります。

●適正体脂肪率・BMI値

体脂肪量（kg）÷体重（kg）×１００＝体脂肪率

一般的な家庭用の体重計でも、体脂肪量や体脂肪率を測れるものが普及しているので、活用すると便利です。体脂肪率は、男性は10％以上20％未満、女性は20％以上30％未満が標準とされています。

また、身長と体重から肥満の度合いを示すものとして、よくBMI値が使われます。こちらは体脂肪率を測定しなくても算出が可能です。

体重（kg）÷（身長（m）×身長（m））＝BMI値

160㎝、体重60キロの方の場合は、60（kg）÷（1・6×1・6）＝23・43です。

BMI値は、一般的に22が標準値とされており、18・5以下は低体重、25以上は肥満とされています。ただし、BMI値は身長と体重から算出するため、筋肉量が多くて体重が重いという方の場合も、算出される値は高くなります。筋肉質の方には不利な測定方法といえます。

●適正筋肉量

筋肉量は、次のように3段階で算出します。一般的な家庭用体重計でも、体脂肪量や体脂肪率を測れるものが普及しています。それらを活用すると計算が簡単になります。

①体重計で体重と体脂肪率を計測し、体脂肪量を算出する

体重（kg）×体脂肪率（%）＝体脂肪量（kg）

②体重から体脂肪量を引き、除脂肪体重を算出する

体重（kg）－体脂肪量（kg）＝除脂肪体重（kg）

③除脂肪体重から筋肉量を計算する

除脂肪体重（kg）÷2＝筋肉量（kg）

筋肉量は体の大きさによっても変わるため、さらに筋肉率で見ていきます。筋肉率は、筋肉量÷体重で算出します。

筋肉率は、男性が31・0%〜34・9%、女性が26〜27・9%が標準とされています。筋肉率が高いほうが基礎代謝も高くなりますから、それだけ痩せやすい体といえるでしょう。

計算は少し面倒かもしれませんが、自分の体を知ることはとても大切です。計算してみると、新たな気づきがあるかもしれません。

注意すべきは「カロリー」ではなく「脂質」

体のチェックに加えて、食事のことも考えてみましょう。

私のジムでは過度な食事制限はおすすめしていません。むしろ、「もっと食べても大丈夫ですよ」とアドバイスをしています。ただし、唯一控えるようにお伝えするのが脂質の量です。

女性の方に多いと思うのですが、ダイエットというと摂取カロリーをどう抑えるかに目が向きます。しかし、カロリーよりも脂質の量を意識することのほうが大切だと思います。

現代人の食事は、とにかく脂質量が増えています。スーパーやコンビニに行くと、並んでいるのは洋食系のお弁当やお惣菜ばかりで、煮物や焼き物のような和食系のメニューはとても少ないですよね。

揚げ物やバター、クリームなど、脂肪分の多い食べ物はおいしいですが、カロリーが高めです。気にせずに食べていると、どんどんカロリーをとり入れることになってしまうわけです。

昨今の健康ブームで、「ＰＦＣバランス」という言葉がよく使われるようになりました。ＰＦＣは、**タンパク質**（Protein）、**脂質**（Fat）、**炭水化物**（Carbohydrate）の頭文字をとったもので、ＰＦＣバランスは、１日に摂取するエネルギーに対するタンパク質・脂質・炭水化物の割合を示すものです。

タンパク質、脂質、炭水化物は、いずれも体を動かすエネルギーになる栄養素で、「３大栄養素」と呼ばれます。体に取り込むことでさまざまな働きをしてくれるので、極端に食べないというのも体に悪い影響を与える可能性があります。

ただし、炭水化物とタンパク質は１ｇ当たり４キロカロリーであるのに対し、脂質は１ｇ９キロカロリーと、カロリーがほかの２つの栄養素の２倍以上です。今の日本人の食生活を考えると、まず、脂質のとりすぎに注意しなければいけないことがおわかりいただけると思います。

〈PFCそれぞれの役割〉

●**タンパク質**　筋肉、内臓、皮膚、髪や爪などの構成成分です。また、ホルモンや酵素などにも使われています。不足すると筋肉が衰えたり、体の機能が低下したりします。

●**脂質**　細胞膜や皮脂を作る材料になります。また、体温維持や内臓保護、脂溶性ビタミン吸収のサポートなどの役割を担っています。脂質の中には、体内で合成できない必須脂肪酸があり、不足するとエネルギー不足、免疫機能の低下などが起こる可能性があります。

●**炭水化物**　炭水化物は糖質と食物繊維に分かれます。糖質はブドウ糖に変化し、体や脳のエネルギー源になります。特に脳が働くためのエネルギーのほとんどはブドウ糖です。そのため、不足すると思考力や集中力が低下する可能性があります。

炭水化物が不足すると、体はエネルギーを生み出すために筋肉を分解しようとします。筋肉量が減少すると基礎代謝が落ち、それに乗じて体温が下がってきます。すると、今度は体温が下がりすぎないように、体は脂肪を溜め込もうとします。これではますます痩せにくくなってしまいますよね。

PFCバランスの理想は（15〜74歳の男女の場合）、

●タンパク質　13〜20％
●脂質　20〜30％
●炭水化物　50〜65％

となっています。

今の日本人の体は、すでに脂質が30％近くまで増えてきています。一方で、タンパク質は15％より少ないといわれており、毎日の食事が炭水化物と脂質に偏っていることがわかります。

ご自分の普段の食事を振り返ってみてください。時間のない時はコンビニで購入したサンドイッチやおにぎりで簡単に済ませている方も少なくないでしょう。

おにぎりもパンも炭水化物です。しかも、中の具材が揚げ物だったり、マヨネーズが使われていたり、気づかないうちに脂質もどんどん取り込んでいるのです。そこで、脂質の取りすぎを防止するためにおすすめしたいのが、商品を購入する前に、パッケージの栄養成分表示をチェックすることです。

スーパーやコンビニでは、ほとんどのお弁当やお惣菜に栄養成分を表示しています。全てをチェックするのは大変ですが、買いたいと思った商品の脂質の数値を確認するだけなら、さほど時間はかからないでしょう。

チェックすると、「こんなに脂質をとっているのか」という気づきになりますし、脂質量によって食べ物の組み合わせを考えるだけで摂取カロリーも抑えられるようになります。しっかり食べて、必要な栄養をとりながら、ダイエットが進められるようになるのです。

この脂質の店頭チェックも、ストレッチや筋トレと合わせて、ぜひとも習慣化していただきたい行動の一つです。

日常生活で「5分間」のスキマ時間を見つける

ダイエットをしてキレイになろう、健康になろうというのは、とても前向きな行動です。

ただし、忙しい毎日を送っていると、そのための「時間がない」「余裕がない」と、実行を先延ばしにしたくもなりますよね。

実際にやろうとすると、なかなか始めるきっかけがつかめません。それよりも、普段の生活の中で「このタイミングでやるぞ」と自分で決めて、まずは始めることが大事だと思います。

本書でご紹介しているストレッチやトレーニングは、どれも1日5分ほどでできるものばかりですから、改めて時間を取らなくてもスキマ時間で行えます。

私のジムのお客様には、寝る前の時間を利用する方が多いようです。

あとは寝るだけという状態なら、時間が取りやすいですし、ストレッチで体をほぐすことで寝付きもよくなると思います。

一方で、朝目覚めた後のストレッチやトレーニングをルーティンにしている方もいらっしゃいます。寝ていた体を目覚めさせ、1日をポジティブな気持ちで始めることができます。行うストレッチやトレーニングの内容にもよりますが、生活の中で区切りがつきやすいという点では、どちらの方法もおすすめです。

また、「〇〇しながらトレーニングする」と決めるという方法もあります。

次の章でも紹介しますが、歯磨きをしながら踵を上げ下げする、トイレに入った時にスクワットをするなども、いつの間にか習慣になって継続しやすくなります。電車に乗りながらお尻に力を入れて立つ、デスク仕事をしながら内股に力を入れる、誰かと話しながら姿勢を正すなど、ルーティン化できることはたくさんあるでしょう。

場所によってできること、できないことがあったとしても、時間が取れずにできないでいるよりは、どんなかたちであれ、ストレッチやトレーニングのメニューを少しでも実践したほうが絶対にいいと思います。

筋肉は意識をそこに向けて動かすことで、より力を発揮してくれます。あらゆるタイミングで体の筋肉に挨拶し、呼び起こしてあげましょう。この積み重ねが、あなたの体をよりダイエットで痩せやすい方向に導いてくれるはずです。

第5章

骨格4タイプ別「1日5分のエクササイズ」

5分間のエクササイズが人生を変えていく

体型は自分が望むように変えられます。

顔のパーツを変えるのは整形という方法になりますし、身長を伸ばすとなるとさらに困難です。それに比べると、体型は骨格に合わせたエクササイズで美しく整えることができるのです。そして、見た目の印象が変わると、その方の心も変わります。

「きれいになったよね。羨ましい！」

「何をしたら、そうなるの？」

そんなふうに周りの人たちから質問攻めになり、自信に満ちていくお客様をたくさん見てきました。ダイエットをしようと思った時が、あなたの人生が変わるタイミングなのです。

これからご紹介するエクササイズは、ほとんどが一つの動作を10〜15回程度行うものです。組み合わせて行っても、5分あればできてしまいます。

「本当にそれで効果が出るの？」と言う方もいますが、私のこれまでの経験からすると、これが最適な時間だと思います。それは、これらのエクササイズは、骨格を正しい場所に整え、自分の体を痩せやすく変えていくためのものだからです。だからこそ、ストレスを溜めずに無理なく続けられ、痩せていくことができるのです。
まずは、自分の体のタイプをチェックして、あなたの骨格の癖に合わせたストレッチと筋トレを始めていきましょう。

〈始める前の準備〉

スペース 1畳程度のスペースがあれば十分です。畳の部屋のほうが寝転んだり、手をついた場合も痛くないですが、硬い床でもヨガマットなどがあれば大丈夫です。

使用するもの ヨガマット（床が硬い場合）、タオル（脚をかけて使用）、500ミリリットルのペットボトル（軽量のダンベルでもOK！）

服装 半袖短パンなどの動きやすい服装。またはジャージ素材のように服が体の動きに合わせて伸びるような服装で行いましょう。

トレーニングの時間帯 寝る直前と満腹時、極端な空腹時はやめましょう。
運動をすると自律神経はアクティブな交感神経が優位になります。寝る時は副交感神経が優位なリラックス状態にあるほうが質のいい睡眠につながります。

また、満腹時は副交感神経が優位になっているため、トレーニング効率が下がってしまいます。反対に、あまりに空腹な状態だとエネルギー不足で筋肉が分解される可能性があります。空腹の場合はストレッチやトレーニングを始める1時間ほど前にバナナなどを食べていただくといいと思います。

〈注意点〉

ストレッチをする際、痛すぎる伸ばし方をすると筋肉が硬くなる原因となる場合があります。気持ちのいいところで止めてください。

変形性関節症などで関節が痛い場合は、無理をせず、その部分のストレッチは避けてください。

4タイプ別　トレーニング前の「動的ストレッチ」

私のジムでも必ずしていることですが、筋トレを始める前にはストレッチを行うことが大切です。

トレーニングの前に行うストレッチを「動的ストレッチ」といいます。すでにお伝えしたように、骨格によって使えている筋肉、使われていない筋肉があります。緊張して硬くなった筋肉を鍛えようとしても、トレーニングの作用が届きにくいのです。

動的ストレッチで硬くなった部分をほぐし、使っていない筋肉を目覚めさせてあげることで、トレーニングの効果がより得やすくなりますし、ケガの予防にもなります。

FW フォワードタイプ

フォワードタイプの方は、腸腰筋と前腿の筋肉が硬くなっているので、まずはそこから伸ばしていきます。

1 腸腰筋を伸ばすストレッチ（片足15～20回程度）

①両手をついて、片足を斜め前に、もう一方を後に伸ばします（1－1）。
②この状態で腰を下に落として元に戻ります（1－2）。
③この動作を数回繰り返します。

1－1

1－2

④腰の付け根が伸びてきたと感じたら、反対の足も同様に行います。

2 前腿の筋肉を伸ばすストレッチ（片足15〜20回程度）

①横向きに寝て、足先を持ちます（2－1）。

②そのまま上の脚を後ろに引っ張り、元に戻ります（2－2）。

③前腿の筋肉に伸びを感じたら、体の向きを替え、反対の脚も同様に行います。

☝ 足先を持つのがきつい場合は、足先でなく足首を持って行ってもＯＫです。

2－1

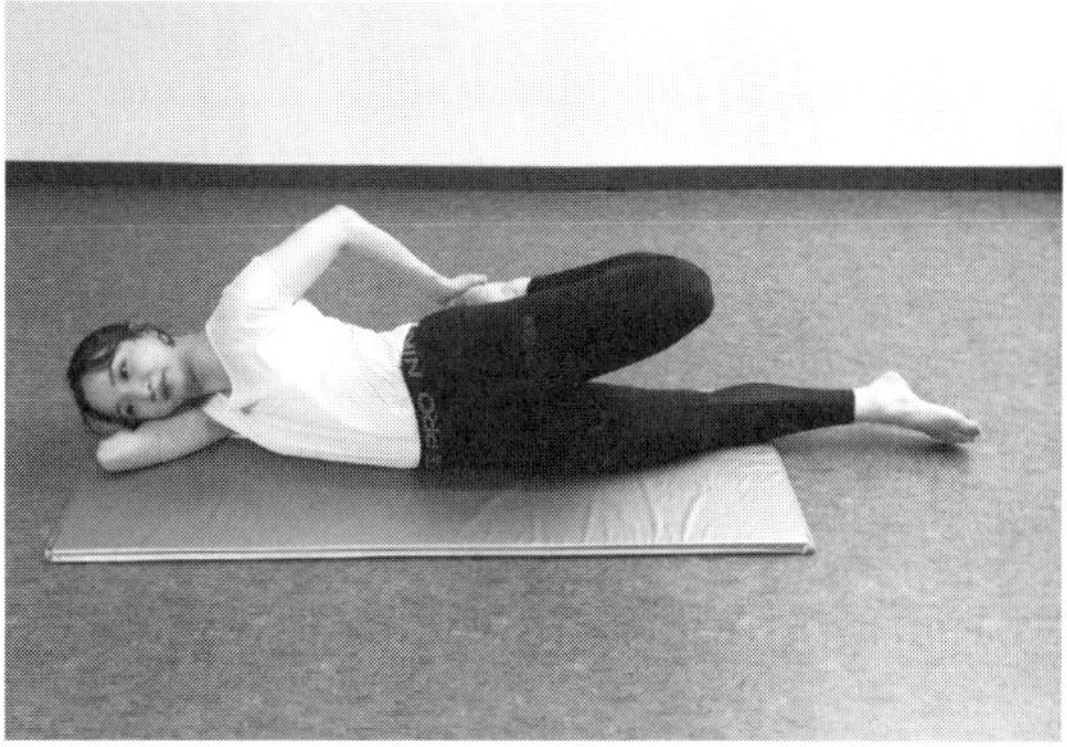

2－2

SB スウェーバックタイプ

スウェーバックタイプの方は、腰椎（腰）が硬くなり、お尻と腿裏の筋肉が硬くなっています。その部分を伸ばしていきましょう。

3 上体反らしで腰椎の動きを整える（片足10回程度）

①立膝をつき、手を合わせてまっすぐ前に伸ばします（3－1）。

②息を吐きながらそのままの状態で上体を反らし、元に戻ります（3－2）。

③腰が動いてきたなと感じたら反対の脚も同様に行います。

3－1

3－2

4 腿裏の筋肉を伸ばすストレッチ（10回程度）

①背筋を伸ばして立ち、骨盤の位置に手を置いて腰を少し引き、軽く膝を曲げます（4－1）。
②目線を前に向け、背筋を伸ばしたままお辞儀をします（4－2）。
③腿裏に伸びを感じたら、元に戻ります。

4－1

4－2

スウェーバックタイプの方は腿裏が硬く、NG例のように背筋が丸くなりがちです。背筋が丸まらないように注意して行いましょう。

NG例

第5章

5 お尻の筋肉を伸ばすストレッチ1（片足10回程度　※6ができない人はこれのみ）

①仰向けに寝て、片方の膝を抱えます（5－1）。

②そのまま抱えた脚を胸のほうに引き寄せ、戻ります（5－2）。

③反対の脚も同様に行います。

5－1

5－2

6 お尻の筋肉を伸ばすストレッチ2（片足10回程度）

①仰向けに寝て、一方の脚を反対側の膝にかけます。膝にかけた脚と同じ側の腕を脚の隙間に通し、反対側の膝を抱えます（6－1）。

②抱えた膝を胸のほうに引き寄せ、元に戻ります（6－2）。

③反対の脚も同様に行います。

6－1

6－2

SA ストレートアーチタイプ

ストレートアーチタイプの方は、背筋がまっすぐで腰回りの筋肉が硬くなっています。
ストレッチでは、背中と腰を伸ばしていきましょう。

7 背中と腰の筋肉を伸ばすストレッチ（10〜15回×1セット）

①四つん這いになります。
②息を吐きながら肩甲骨を広げるイメージで背中を丸めます（7－1）。
③肩甲骨を寄せ、体全体が下に落ちていくようなイメージで、なめらかに背中を反らします（7－2）。

背中を丸めたり、反らしたりする際に、肘が外側に向いてしまうのは、「代償動作」といわれるもので、体の硬さをカバーしているためです（NG例）。肘の位置に気をつけて行いましょう。

このストレッチを行った後に、スウェーバックタイプと同様のストレッチを行います。

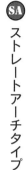

7－1

7－2

8 腿裏の筋肉を伸ばすストレッチ（10回程度）

①背筋を伸ばして立ち、骨盤の位置に手を置いて腰を少し引き、軽く膝を曲げます（8－1）。

②目線を前に向け、背筋を伸ばしたままお辞儀をします（8－2）。

③腿裏に伸びを感じたら、元に戻ります。

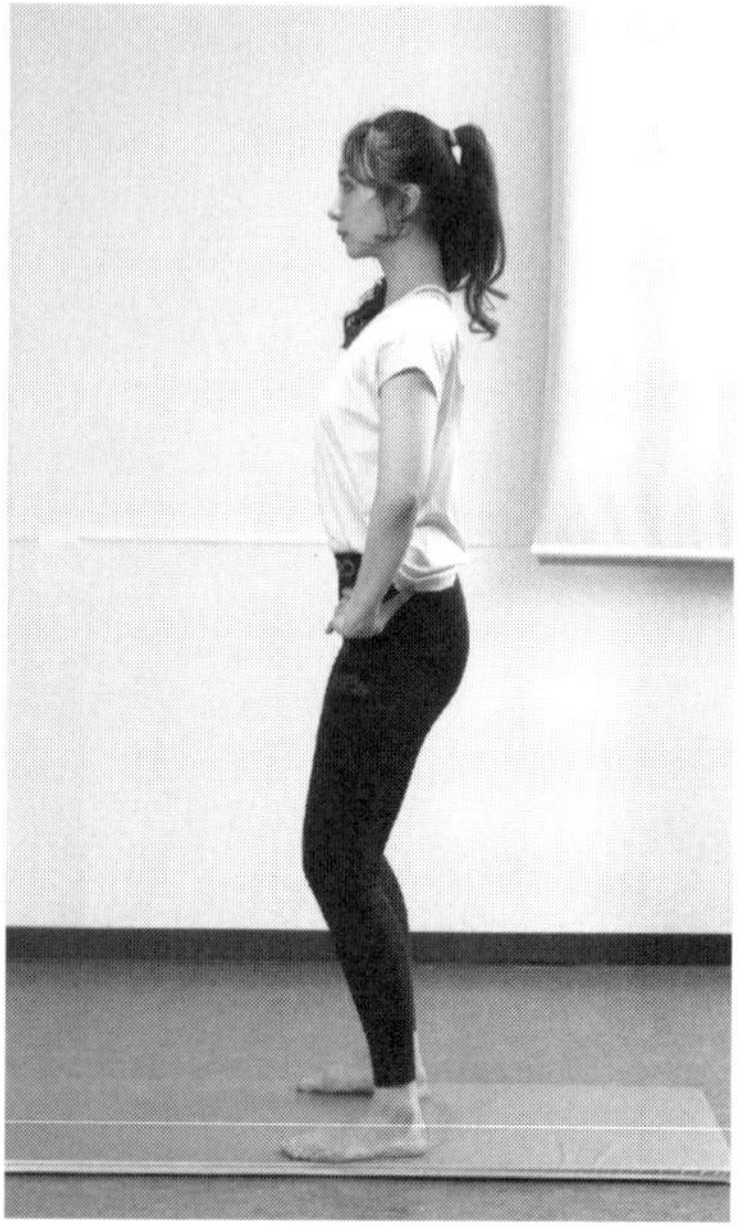

8－1

8－2

9 お尻の筋肉を伸ばすストレッチ（片足10回程度）

①片方の脚を斜めに折り曲げて座り、両手は体の前につきます（9－1）。

②体を浮かせ、体を下ろすように体重をかけます（9－2）。

③反対の脚も同様に行います。

9－1

9－2

SP スパイラルタイプ

スパイラルタイプの方は、ストレッチの前に自分の骨盤の向きをチェックしましょう。

第2章でお伝えしたように、

・寝転んで左右の脚の長さを比べる（短いほうの骨盤が後傾しており、長いほうの骨盤が前傾している）

・座布団の上で片足立ちをしてみる（重心を置いている側の骨盤が後傾し、もう一方の骨盤が前傾している）

といった方法で、簡単に確認できます。

また、鏡があれば左の写真のように、自分の骨盤の前の出っぱり（上前腸骨棘）と恥骨を

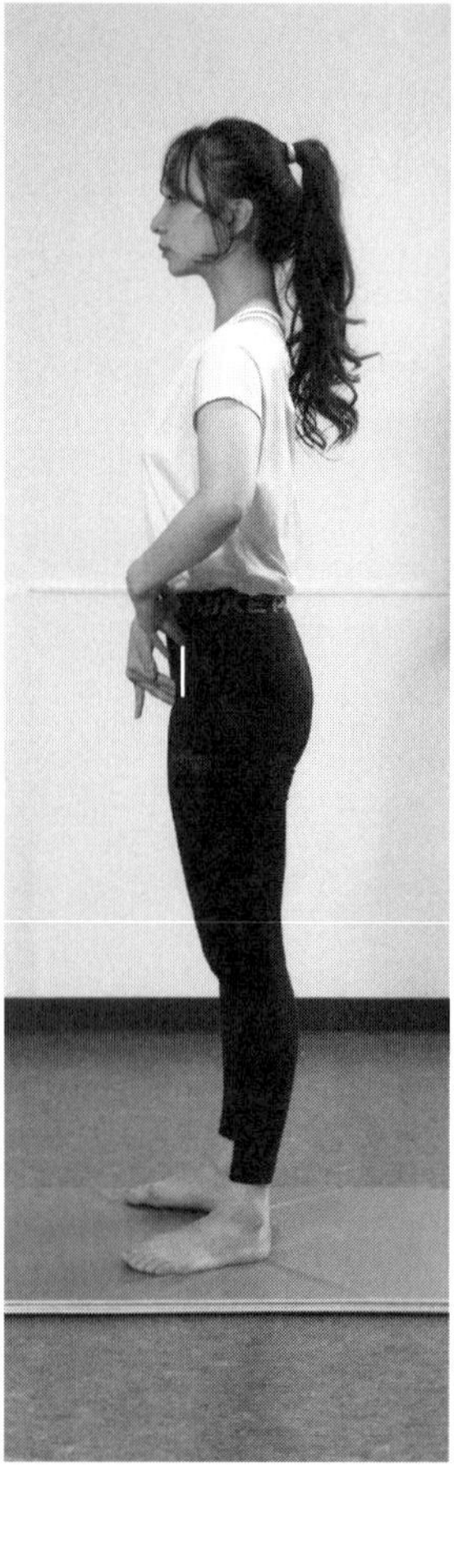

結んだラインをチェックしてみましょう。このラインがまっすぐになるのが理想ですが、前に傾いている方は骨盤が前傾し、後ろに傾いている方は骨盤が後傾しているということです。

スパイラルタイプの方は、脚の長さが短いほう（骨盤が後傾）は腿裏が硬く、長いほう（骨盤が前傾）は前腿が硬くなっています。

言い換えれば、短いほうがスウェーバックタイプやストレートアーチタイプ、長いほうがフォワードタイプに近い状態ということです。そのため、左右それぞれの状態に合わせたエクササイズを行っていくことになります。

⑩ 短いほうの脚に行う、腿裏の筋肉を伸ばすストレッチ（片足のみ10回程度）

①短くなっているほうの脚をまっすぐ前に伸ばして座ります（10－1）。
②そのまま前屈をします（10－2）。

11 長いほうの脚に行う、前腿の筋肉を伸ばすストレッチ（片足のみ10〜15回）

①長いほうの脚が上になるように横向きに寝て、足首を持ちます（11－1）。

10－1

10－2

②そのまま上の脚を後ろに引っ張り、元に戻ります（11－2）。

☝足先を持つのがきつい場合は、足先でなく足首を持って行ってもＯＫです。

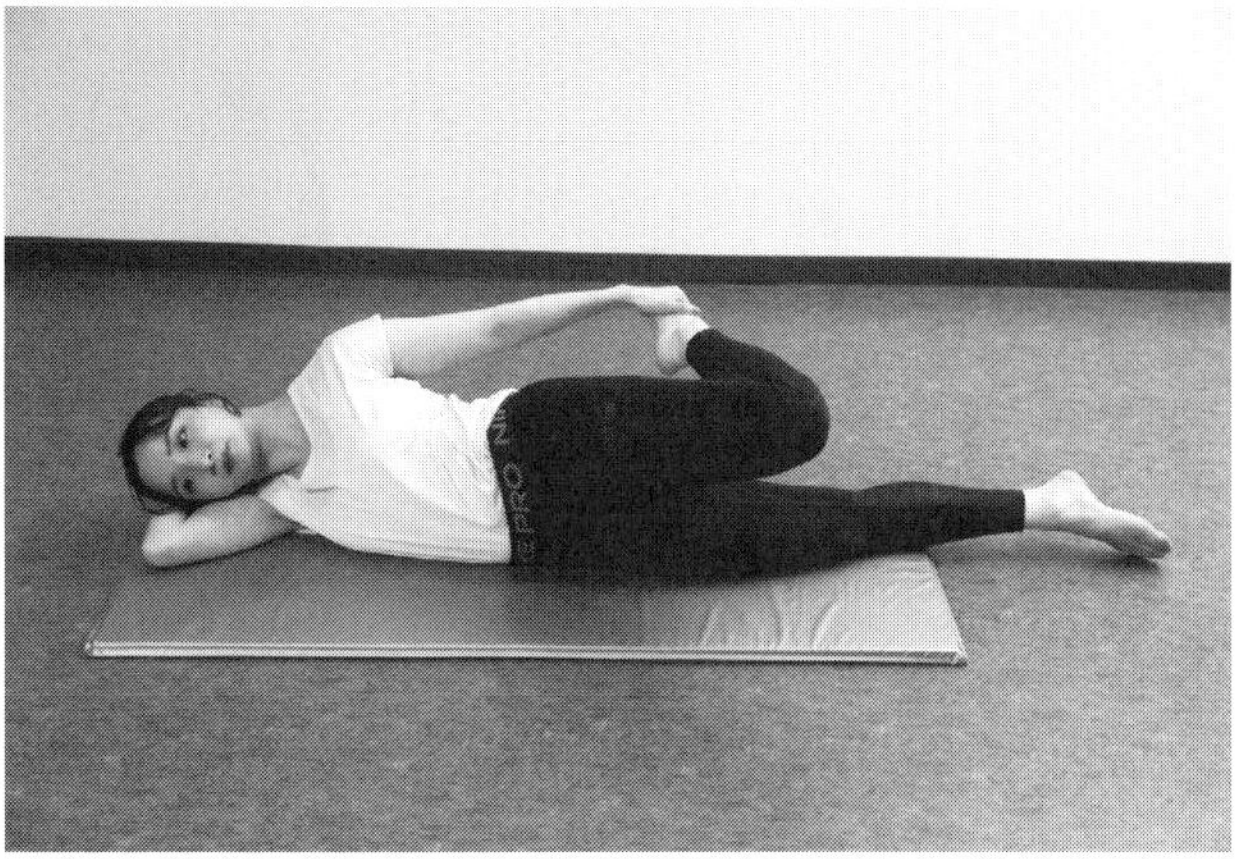

11－1

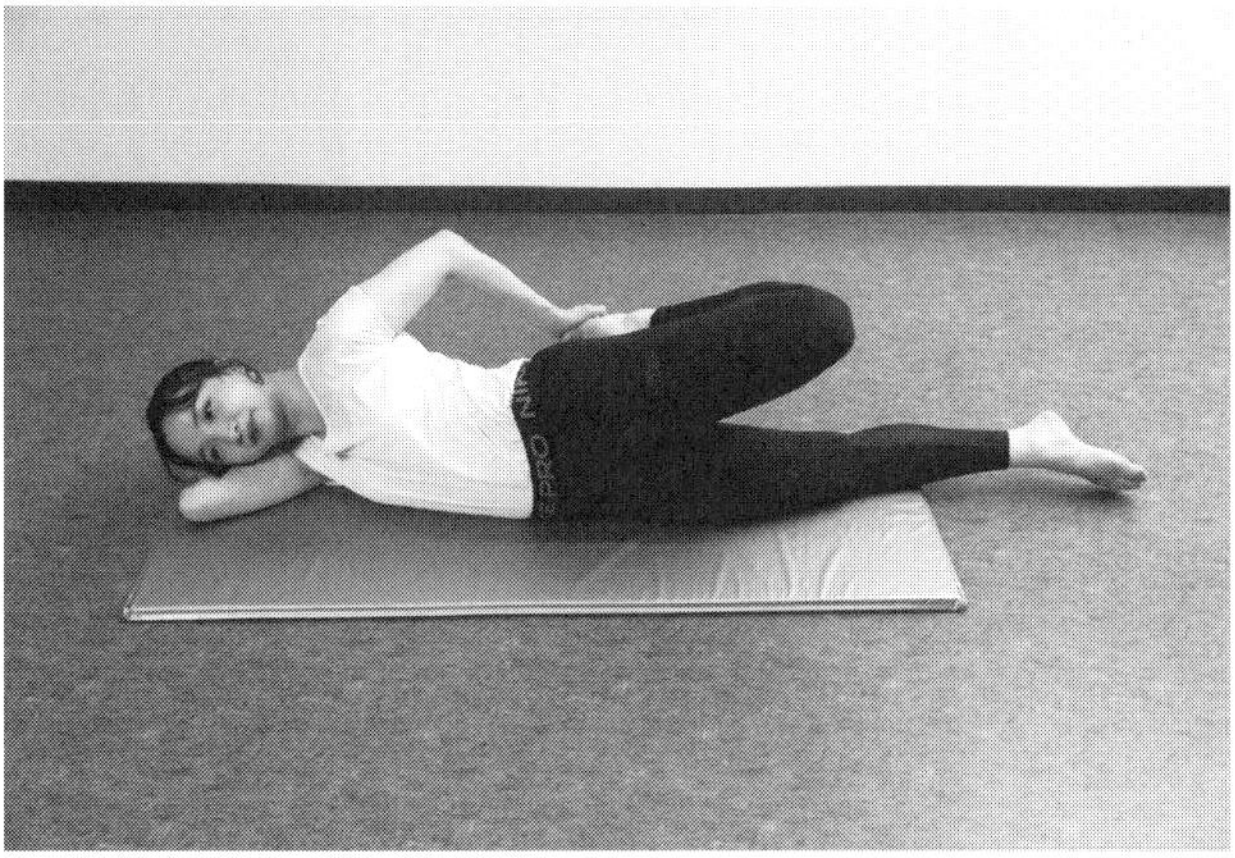

11－2

第5章

⑫長いほうの脚に行う、腸腰筋を伸ばすストレッチ（片足のみ10回程度）

①両手をついて、短いほうの脚を前に、長いほうの脚を後ろに伸ばします（12－1）。

②この状態で腰を下に落として元に戻ります（12－2）。

③この動作を数回繰り返します。

☝腰の付け根が伸びていることを感じながら行いましょう。

12－1

12－2

4タイプ別　お腹をへこます筋トレ

FW フォワードタイプ

フォワードタイプの方は反り腰のため、腰を丸めるのが苦手です。腹筋のように上体を起こすトレーニングでは、無理をすると首を痛めてしまうことがあります。そのため、上体を起こさずに行うトレーニングが基本になります。

13 ドルフィンプランク（10～15回×2、3セット　※各セットの間に30秒の休息を入れる）

①うつ伏せで両肘をつき、つま先を立てて体を浮かせます（13－1）。

②さらに背中を丸めるようにしながらお尻を高く持ち上げ、元に戻ります（13－2）。

☝ 元の位置に戻す時に、腰が反らないように注意しましょう。

13 - 1

13 - 2

⑭ ヒールタッチクランチ（左右10往復×2、3セット　※各セットの間に30秒の休息を入れる）

①仰向けに寝て両膝を立てます（14－1）。

②上半身を丸めるように少し起こした状態で、左右の踵にタッチします（14－2）。

☝ 腹筋のように首を使って起きようとすると、首を痛めてしまうだけでなく、腰も正しく曲がりません。そのため、軽く腰を丸めた状態で行います。首が痛いと感じたら、このトレーニングはやめておきましょう。

14－1

14－2

15 デッドバグ（30秒間×2、3セット　※各セットの間に30秒の休息を入れる）

①仰向けに寝て腰の下に隙間があかないようにお腹に力を入れます。両腕は上に伸ばし、両脚も上げて膝を曲げます（15－1）。

②その状態のまま、片方の腕を伸ばしたまま下ろし、対角線上の脚を伸ばしながら下ろします（15－2）。

③ゆっくり交互に繰り返します（15－3）。

15－1

15－2

15－3

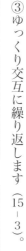

バランスボールがある場合は、膝と手でボールを挟むようにしてデッドバグを行うと、よりお腹の筋肉を意識しやすく、トレーニングの強度はアップします（15－4）。

腰が浮きそうになりますが、そこはガマン。みぞおちのあたりの筋肉を使っていることを意識して行いましょう。

呼吸を止めないように注意して。お腹に力を入れた状態で呼吸をすることも、日常生活動作で痩せ体質になるとても重要なポイントです。

15－4

SB スウェーバックタイプ

反り腰ではないスウェーバックの方におすすめしたいトレーニングです。

16 ニータッチシットアップ（10～15回程度×2、3セット　※各セットの間に30秒の休息を入れる）

①仰向けに寝て両膝を立て、両手を前腿に置きます（16－1）。

②そのまま手の位置が上に上がるようなイメージで状態を起こし、元に戻ります（16－2）。

16－1

16－2

17 オルタネイトワンレッグレイズ（10往復×2、3セット ※各セットの間に30秒の休息を入れる）

①仰向けに寝て両肘をつき、両膝を立てます（17－1）。

②腰が浮かないようにお腹に力を入れながら片脚を上げ、反対側の脚は伸ばします（17－2）。

③片脚ずつ交互に上げる・伸ばすを繰り返します（17－3）。

17－1

17－2

17－3

- 下腹部の筋肉、前腿、腸腰筋に効くトレーニングです。
- 腰痛がある方は行わないでください。
- 余裕のある方は両肘を立てず、上半身が浮かない状態で行うとより強度がアップします（17－4）。

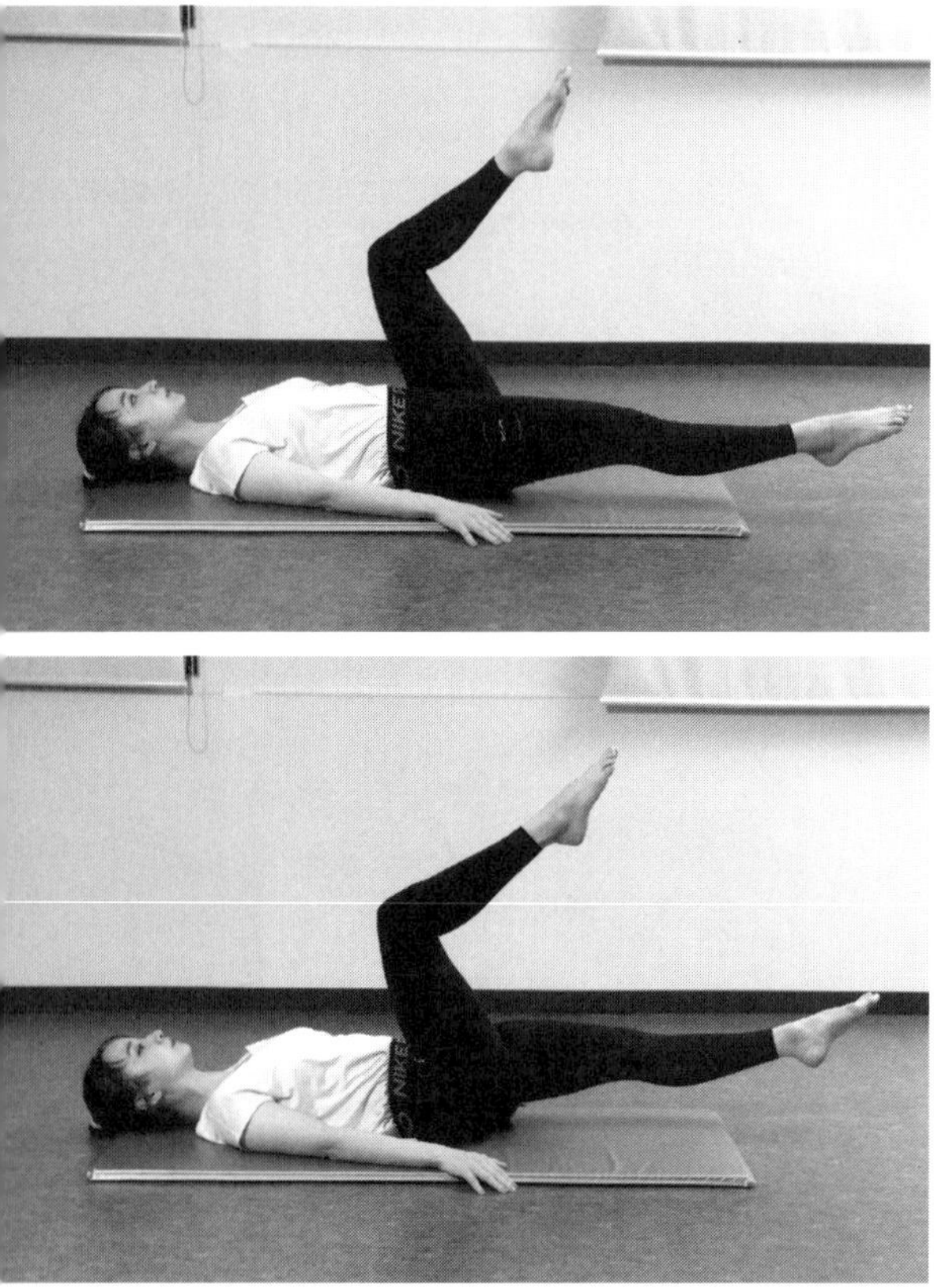

17－4

⑱インチワーム（10回×2、3セット ※各セットの間に30秒の休息を入れる）

①立った状態から両手を前につき、腿裏の伸びを感じます（18－1）。

②少しずつ手だけを交互に前に進め、お腹に力を入れつつ限界まで進めていきます（18－2、18－3）。

18－1

18－2

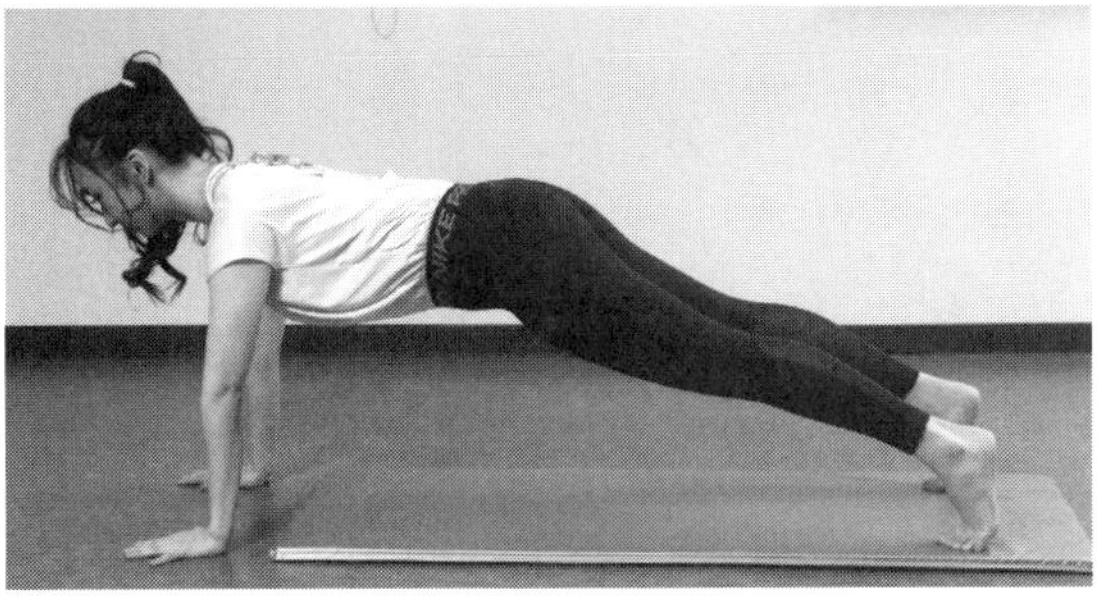

18－3

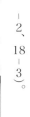

③手はその位置のままで、脚を手のほうに交互に限界まで近づけます。手と脚を近くにつき腿裏の伸びを感じてください（18－4、18－5）。

④手はその位置のまま、脚を交互に少しずつ後ろに下げていき、お腹で体を支えます（18－6、18－7）。

18－4

18－5

18－6

⑤最後に、脚の位置はそのままで、ゆっくり手を交互に後退させていき、①の状態に戻ります（18－8、18－9）。

☝お腹の筋肉を鍛え、腿裏を伸ばすストレッチにもなります。

18－7

18－8

18－9

第5章

SA ストレートアーチタイプ

ストレートアーチタイプの方は、背骨のカーブがまっすぐで、曲げることが苦手です。そのため首や腰に痛みが出やすいので、注意しながらお腹の筋肉を鍛えていきましょう。

19 ニートゥチェスト（10回程度×2、3セット　※各セットの間に30秒の休息を入れる）

①仰向けに寝て両肘をつき、背中が丸まった姿勢になります（19－1）。

②膝を曲げて両脚を上げた状態から、脚をできるだけ遠くに伸ばし、元に戻ります（19－2）。

☝ 腰が浮かないように注意して行いましょう。

☝ お腹だけでなく、前腿、腸腰筋も同時に鍛えることができます。

19－1

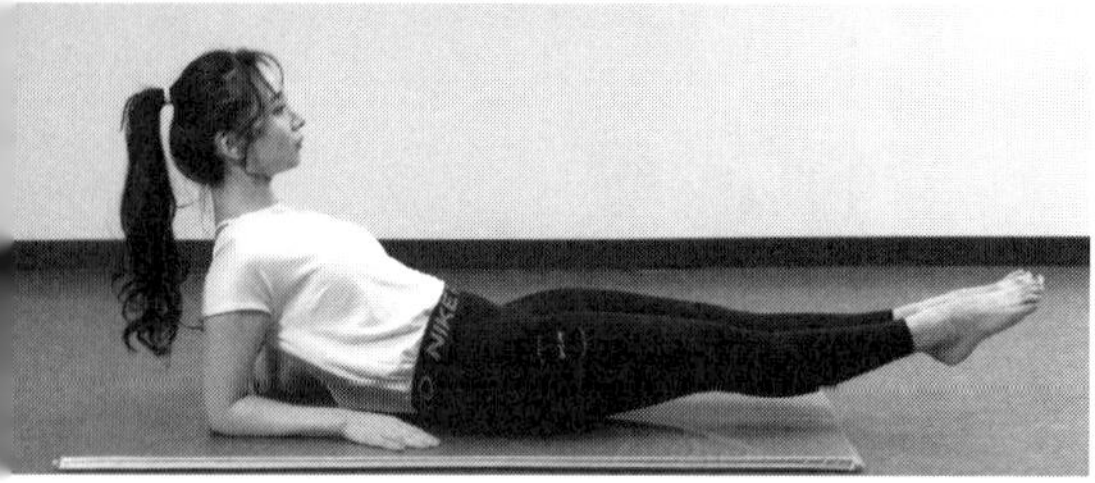

19－2

⑳ サイドベント（10回程度×2、3セット　※各セットの間に30秒の休息を入れる）

①脚をそろえて立ち、片手にペットボトルを持ってそのまま下ろし、もう一方の手は頭の後ろ持っていきます（20－1）。
②上体を真横に倒し、元に戻ります。
③反対側に倒し、元に戻ります（20－2）。
④ペットボトルを反対側に持ち替えて、同様に行います（20－3）。

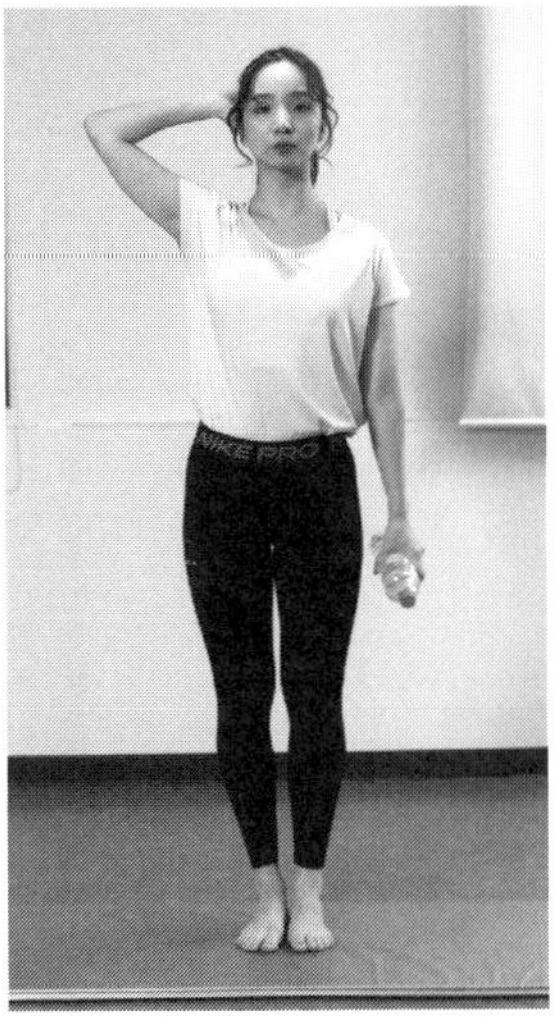

20－1

20－2

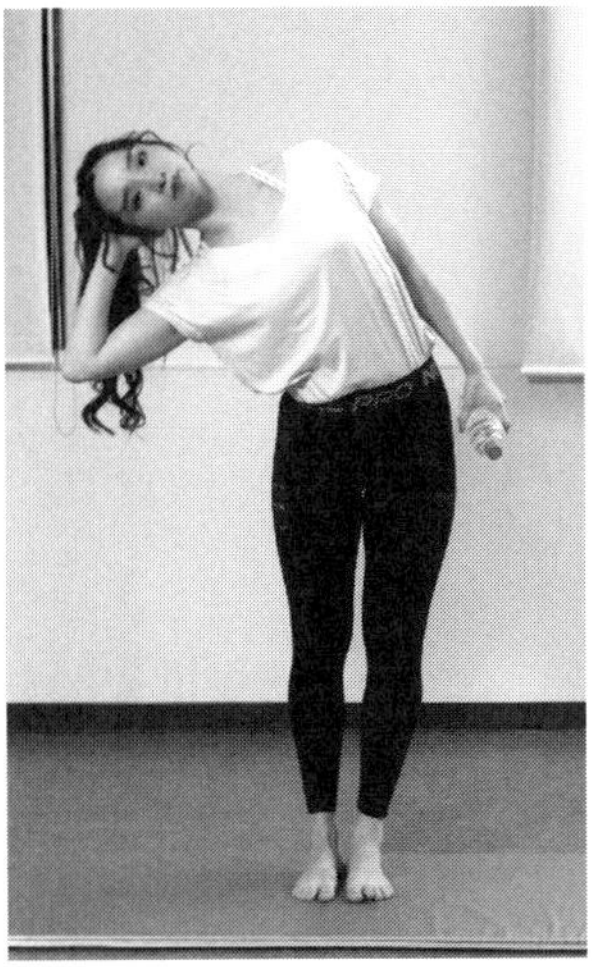

20－3

☝背中をまっすぐのまま、腰に負担をかけずに左右の脇腹を鍛えることができるトレーニングです。

☝体が真横に倒せずにねじれてしまうと、使いたくない筋肉を使用することになり効果が落ちてしまいます（NG例）。ねじれながら体が曲がらないように、きれいに真横に倒しましょう。

SP スパイラルタイプ

スパイラルタイプの方は左右の骨盤に歪みが出ています。体をまっすぐにした状態でストレッチを行い、体幹を鍛えていきましょう。

21 フロントプランク（30秒×2、3セット　※各セットの間に30秒の休息を入れる）

①うつ伏せになり、両肘とつま先で体を支えます（21－1）。

②お尻の穴に力を入れたまま30秒間キープします。

☝背筋がまっすぐになるように意識して行いましょう。

☝お尻の穴に力を入れると、腰が反らない状態をキープできます。

☝キツい場合は、下の写真のように膝をついて行ってもOKです。

21－1

㉒ バードドッグ（交互に20秒×2〜3セット　※各セットの間に30秒の休息を入れる）

①両肘と膝をつき、四つん這いの姿勢になります（22－1）。

②お腹に力を入れて、片手と反対側の脚を一緒に上げ、20秒間キープします（22－2）。

③反対の手と脚で同様に行います。

22－1

22－2

☝体に1本の串が通っているようなイメージで、腰を反らさず、背筋をまっすぐにして行うのがポイントです。体がねじれた状態で手足を伸ばすと、正しく体幹を鍛えられなくなってしまいます（NG例）。

4タイプ別　下半身痩せ筋トレ

FW フォワードタイプ

お尻と腿裏を鍛えていきます。

23 ヒップエクステンション（片足10〜15回×3セット　※各セットの間に30秒の休息を入れる）

①四つん這いになります。

②脚を上に伸ばし、下ろします（23－1）。

③反対の脚も同様に行います（23－2）。

☝ お腹の力が抜けていると背中が反ってしまいます。しっかりお腹に力を入れて腰が反らないように行うのがポイントです。

23 - 1

23 - 2

24 ヒップリフト（10～15回×2、3セット　※各セットの間に30秒の休息を入れる）

①仰向けに寝て、脚を肩幅よりも少し広めに開いて両膝を立てます（24－1）。

②背骨が下から一つずつマットからはがれていくようなイメージでなめらかに腰を上げます（24－2）。

③背骨が一つずつマットにくっついていくようなイメージでなめらかに腰を下げます。

フォワードタイプの方は腰を上げた時に反り腰になりがちです。なめらかに上げ下げを行うことできれいなフォームができます。

24－1

24－2

◆強度UP！

㉕スプリットスクワット［ランジ］

（片足10〜15回×1〜3セット　※各セットの間に30秒の休息を入れる）

①脚を前後に開き、上半身をやや前傾させます（25－1）。

②そのまま股関節を挟み込むようなイメージで前脚の踵に重心を置いて腰を下ろし、元に戻ります（25－2）。

25－1

25－2

☝背中はまっすぐのままやや前屈みの姿勢、腿裏の筋肉を使っていることを意識しましょう。上半身が起きてしまうと、あまり鍛えたくない前腿にばかり効いてしまいます（NG例①）。

☝慣れないうちは、何かにつかまりながらバランスを取って行います。慣れてきたら手を離し、さらにペットボトルなどを持って行うと強度が上がります。

☝重心がつま先にいくと前腿に効いてしまいます（NG例②）。

NG例①

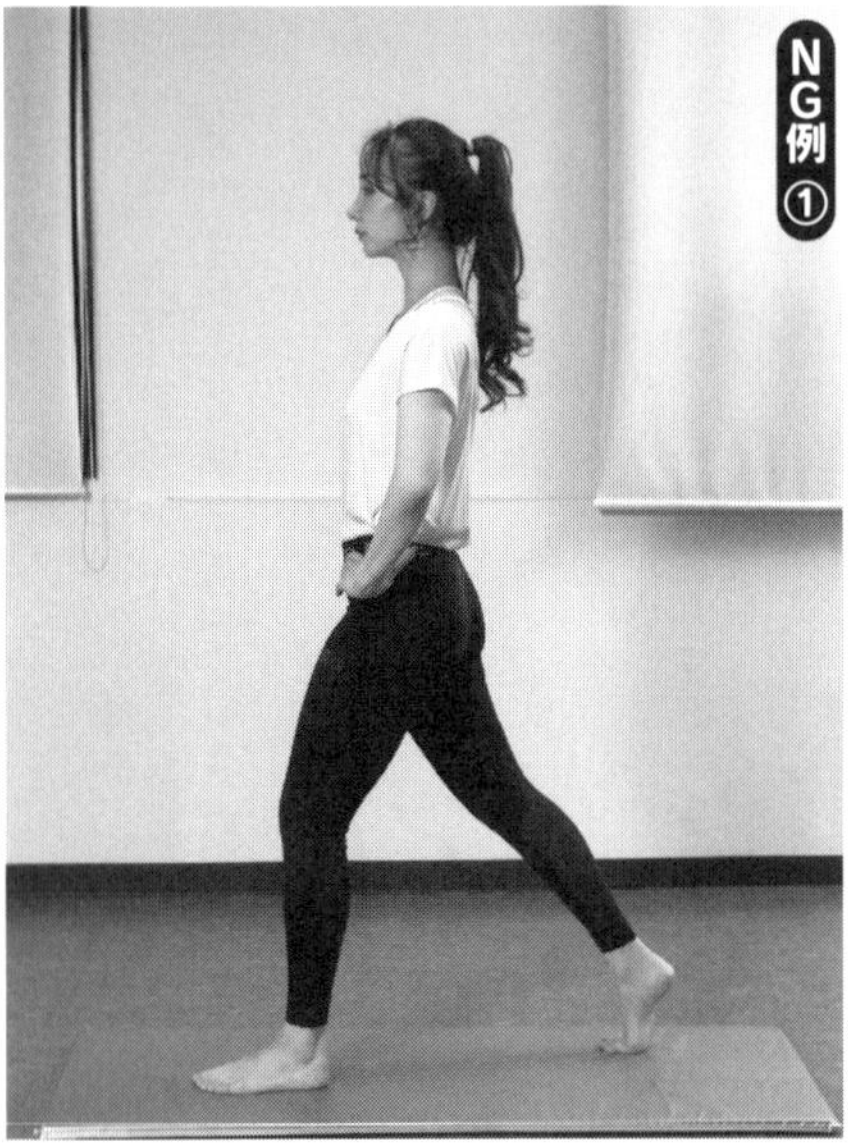

NG例②

SB SA スウェーバックタイプ、ストレートアーチタイプ共通

スウェーバックタイプ、ストレートアーチタイプの方は、通常のスクワットだと骨盤の位置がうまく保てないことが多いです。

26 ワイドスクワット（10〜15回×3セット　※各セットの間に30秒の休息を入れる）

①脚を肩幅よりも広く開きます（26－1）。
②胸を張り、手を頭の後ろで組みます。
③そのままお尻を落とし、元に戻ります（26－2）。

26－1

26－2

☝背中を丸めたり、お腹を突き出したりしないように注意しましょう。

☝最初は10～15回、慣れてきたら20回を2、3セット行います。回数よりも、どれだけきれいなフォームでできるかが大事です。

27 ニーエクステンション（10～15×3セット　※各セットの間に30秒の休息を入れる）

①両膝をついた姿勢になり、手を交差して胸に当てます（27－1）。

②そのまま上体を後ろに倒し、元に戻ります（27－2）。

☝最初は何かにつかまりながら行ってもOKです。

☝前腿を使っていることを意識しながら行います。

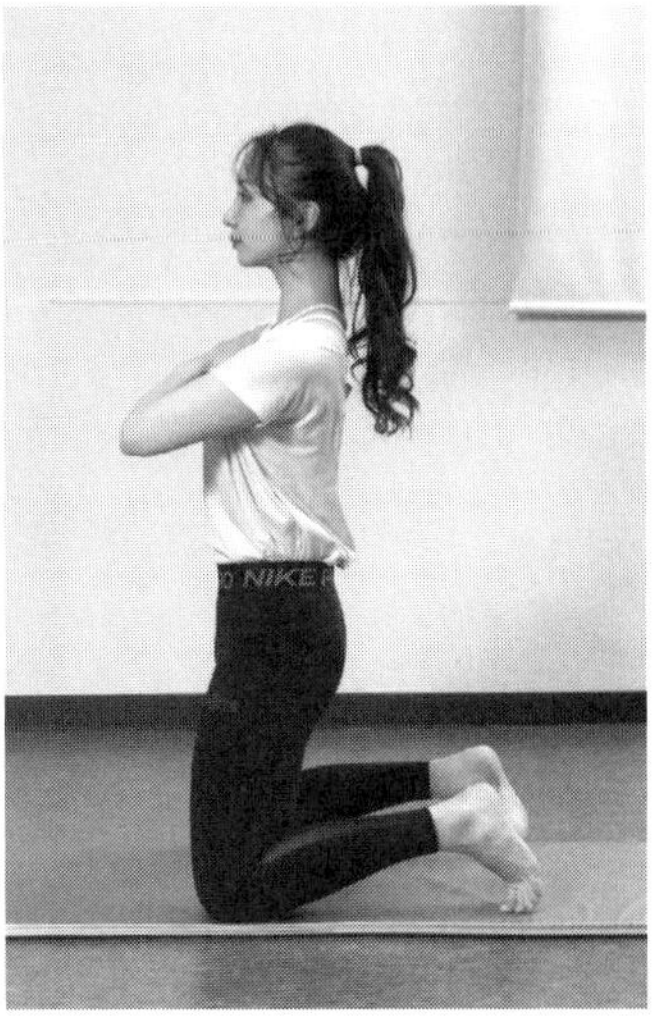

27－1

27－2

☝膝が痛い方は行わないでください。

◆強度UP！

㉘デッドリフト［ワンレッグデッドリフト］

（10回×2〜3セット　※各セットの間に30秒の休息を入れる）

①両手でペットボトルを持って背筋を伸ばして立ち、腰を少し引き、軽く膝を曲げます（28－1）。

第5章

28－1

28－2

②その状態で股関節から上半身を曲げていき、元に戻ります（28－2）。

☝フォームが難しく中級者向けですが、腿裏を伸ばしつつ正しい背中のアーチを保つことができます。

☝ダンベルなど、持つ重量が重くなってくると、上級者向けになります。

☝慣れてきたら、さらに片足立ちで行うとお尻の筋肉も鍛えられます（28－3、28－4。この場合は、立っているほうの脚と反対の手にダンベルを持ち、もう片手は骨盤の位置に置いて行います）。

28－3

28－4

SA ストレートアーチタイプ

ストレートアーチタイプの方は、腸腰筋、前腿の筋肉が弱いので、そこを鍛えていきましょう。

29 スプリットスクワット［ランジ］

①脚を前後に開いて立ちます（29－1）。

29－1

29－2

②そのまま腰を下ろし、元に戻ります（29－2）。

☝ フォワードタイプのトレーニング[25]と似ていますが、この場合は上体を前傾させず、まっすぐのままで行います。そうすることで、前腿の筋肉に効くトレーニングになります。

SP スパイラルタイプ（短いほうの脚）

スパイラルタイプの方は、左右で骨格の癖が異なります。短いほうの脚は骨盤が後傾しています。そのため、スウェーバックタイプのトレーニングを利用することも可能です。

30 ワンレッグプランク（片足のみ20〜30秒）

①うつ伏せで両肘、両膝をつきます（30－1）。

②そのまま体を浮かし、長いほうの脚を持ち上げたままバランスを取り、20〜30秒キープして元に戻ります（30－2）。

☝ 前腿の筋肉が使えていることを意識しましょう。

☝ 30 31 のトレーニングを交互に行うことで、骨盤が整っていきます。

30－1

30－2

第5章

SP スパイラルタイプ（長いほうの脚）

スパイラルタイプの方は、左右で骨格の癖が異なります。長いほうの脚は骨盤が前傾しています。そのため、フォワードタイプのトレーニングを利用することも可能です。

31 ワンレッグヒップリフト（片足のみ10～15回）

①仰向けに寝て、長いほうの脚は膝を立て、短いほうの脚は上に上げます（31－1）。

②この状態のまま腰を上に浮かし、元に戻ります（31－2）。

☝ 腿裏の筋肉が使えていることを意識しましょう。

☝ 30 31 のトレーニングを交互に行うことで、骨盤が整っていきます。

31－1

31－2

SP スパイラルタイプ（両脚）

30 31を行い、両脚のトレーニングを均等に行った上で、さらにスクワットで脚全体のバランスを鍛えていきましょう。

32 スクワット（15〜20回×2、3セット　※各セットの間に30秒の休息を入れる）

①脚を肩の幅に開き、手は頭の後ろに組みます（32－1）。

②そのまま腰を落としてスクワットを行います（32－2）。

32－1

32－2

- 左右均等に立つように意識して行いましょう。
- 鏡の前で行うことをおすすめします。自分はまっすぐ腰を落としているつもりでも、実際は短い脚のほうに重心を置く癖があり、体が傾いていることがあります（NG例）。骨盤の歪みの癖を修正する意識を持てないと、体がねじれたまま動いてしまい、ケガや姿勢の悪化につながります。

4タイプ別　二の腕痩せ筋トレ

FW フォワードタイプ

フォワードタイプの方は腰が反りやすいので、腰の反らないトレーニングを選ぶことがポイントです。

33 トライセプスキックバック（片足10〜15回×2、3セット　※各セットの間に30秒の休息を入れる）

①片手にペットボトルを持ち、台などに手をつきます（33－1）。

②脇を締め、そのままペットボトルを上に持ち上げ、下ろします（33－2）。

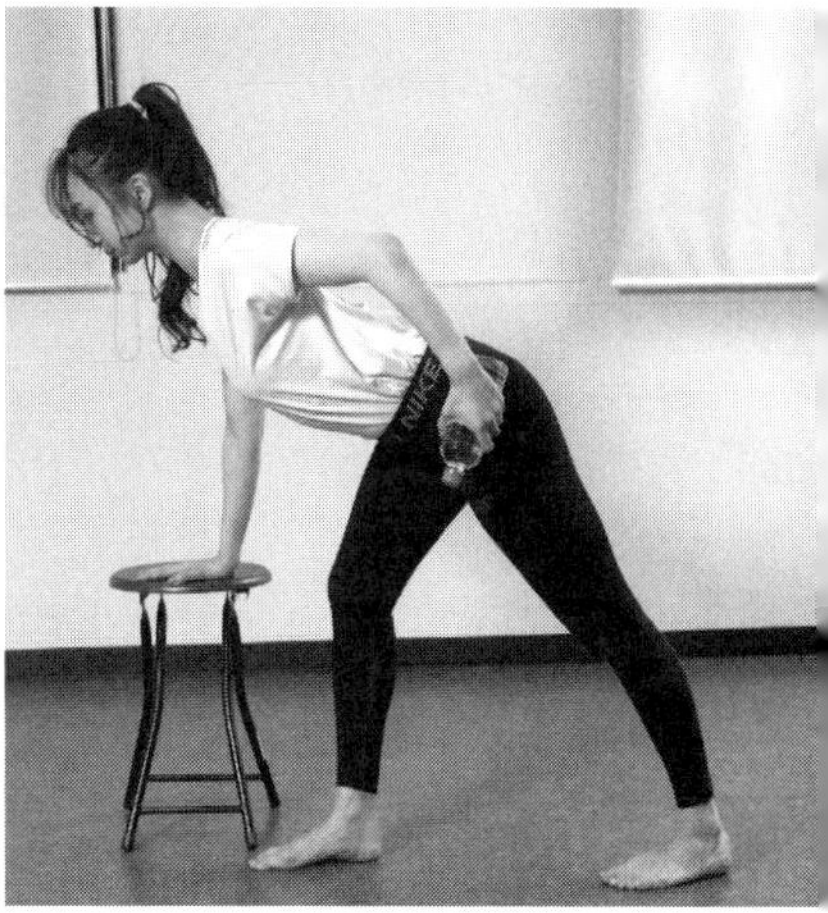

33－1

33－2

反動で振り上げないように注意しましょう。自分の膝に手をついて行ってもOKです（33－3）。

33－3

SB スウェーバックタイプ

体幹を固定しながら鍛えたいスウェーバックタイプの方におすすめのトレーニングです。

34 ライイング・トライセプスエクステンション（10〜15回×2、3セット ※各セットの間に30秒の休息を入れる）

①仰向けに寝てお腹に力を入れます。ペットボトルを両手で持ち、そのまま腕を上に伸ばします（34－1）。

②ペットボトルを持ったまま肘を頭のほうに曲げ、元に戻ります（34－2）。

③これを繰り返します。

☝腰が浮かないように注意して行いましょう。お腹に力を入れることで、ウエストの引き締め効果も期待できます。

34－1

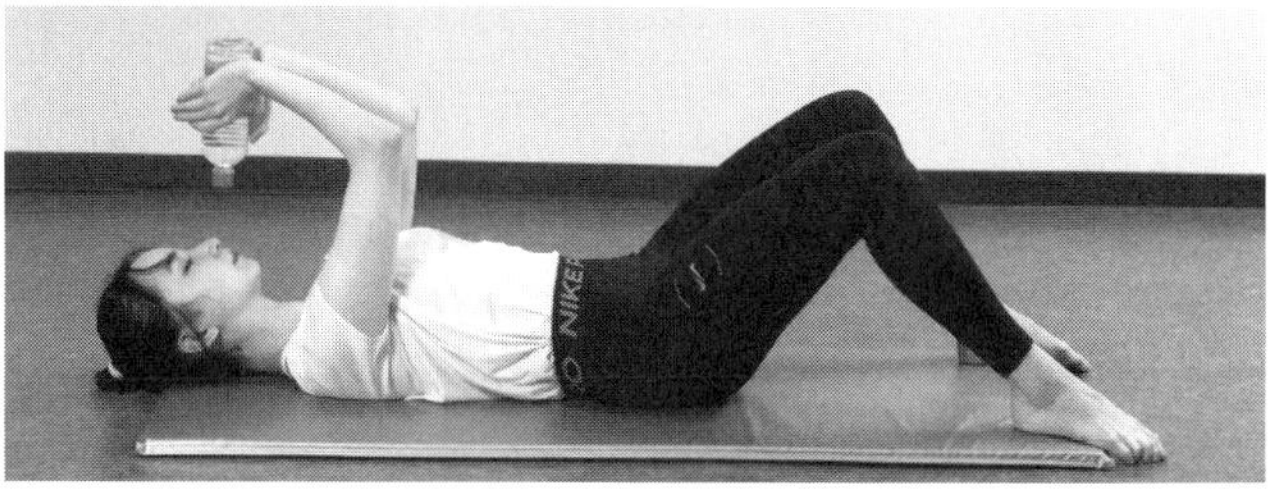

34－2

SA ストレートアーチタイプ

背骨がまっすぐなストレートアーチタイプの方は、腰に負担がかからないように、座ってできるトレーニングで二の腕をシェイプするのがおすすめです。

35 オーバーヘッド・トライセプスエクステンション

(片手10～15回×2、3セット ※各セットの間に30秒の休息を入れる)

①椅子に座り、ペットボトルを持ったほうの腕を頭の上に上げます。反対の手は上げた腕が動かないように支えます(35－1)。

②脇を締め、曲げた腕を伸ばし、元に戻ります(35－2)。

③ペットボトルを反対の手に持ち替えて、同じように行います。

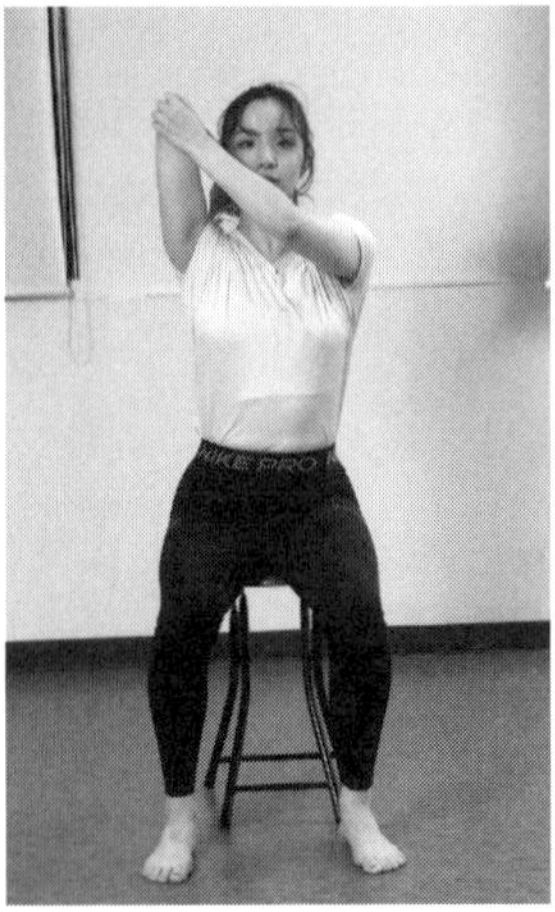

35－1

35－2

☝腰が丸まったり反ったりしないように注意して行いましょう。

SP スパイラルタイプ

左右で骨格の癖が異なるスパイラルタイプの方は、左右の筋肉を均等に使うことを意識してトレーニングを行うことが大切です。鏡の前などでチェックしながら行うといいでしょう。

36 リバースプッシュアップ（10～15回×2、3セット　※各セットの間に30秒の休息を入れる）

①椅子に座り、両手を座面につきます。

②腰を座面からずらし、浮かせる状態にします（36－1）。
③そのまま肘が90度になる感じで腰を落とし、元に戻ります（36－2）。

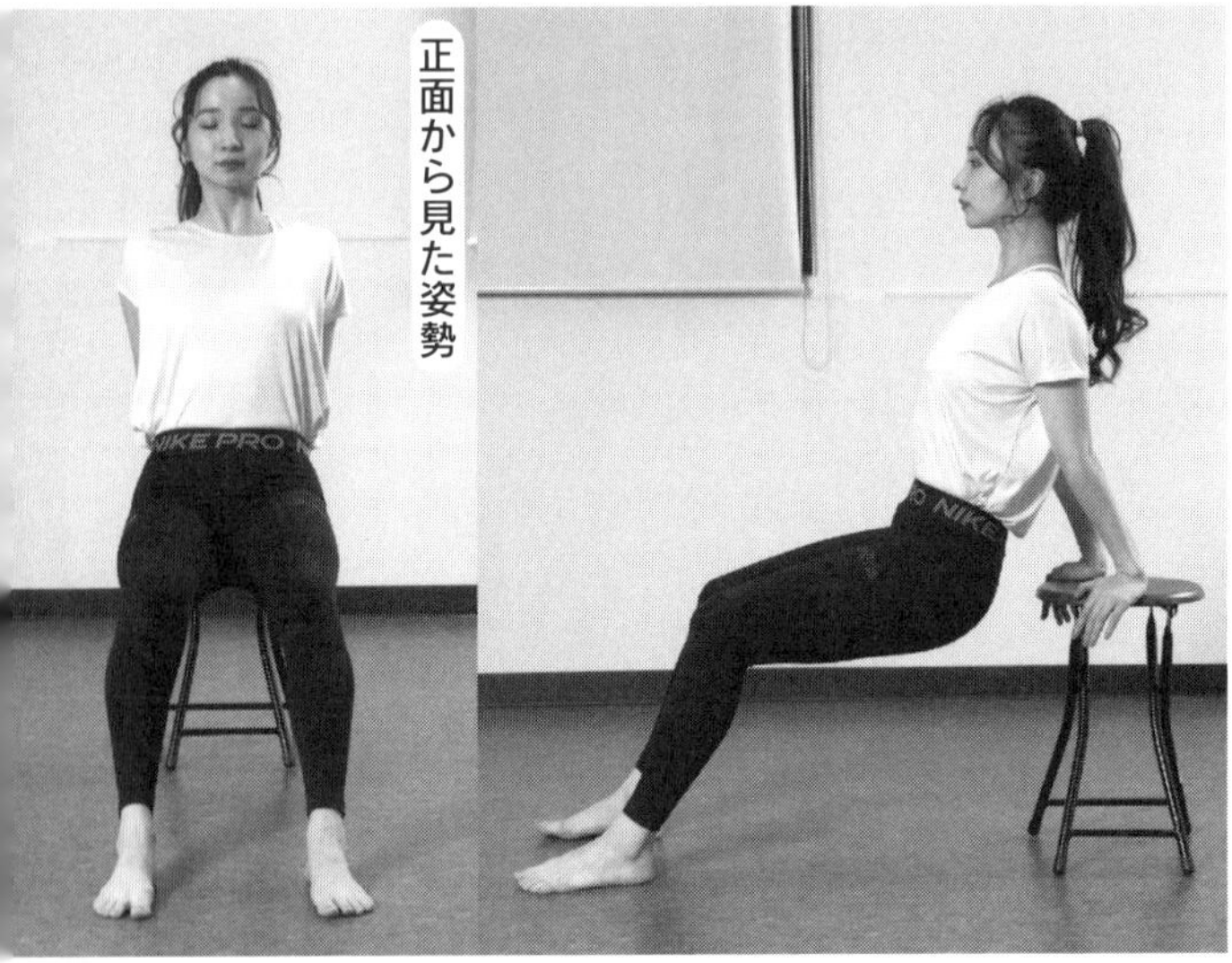

36－1

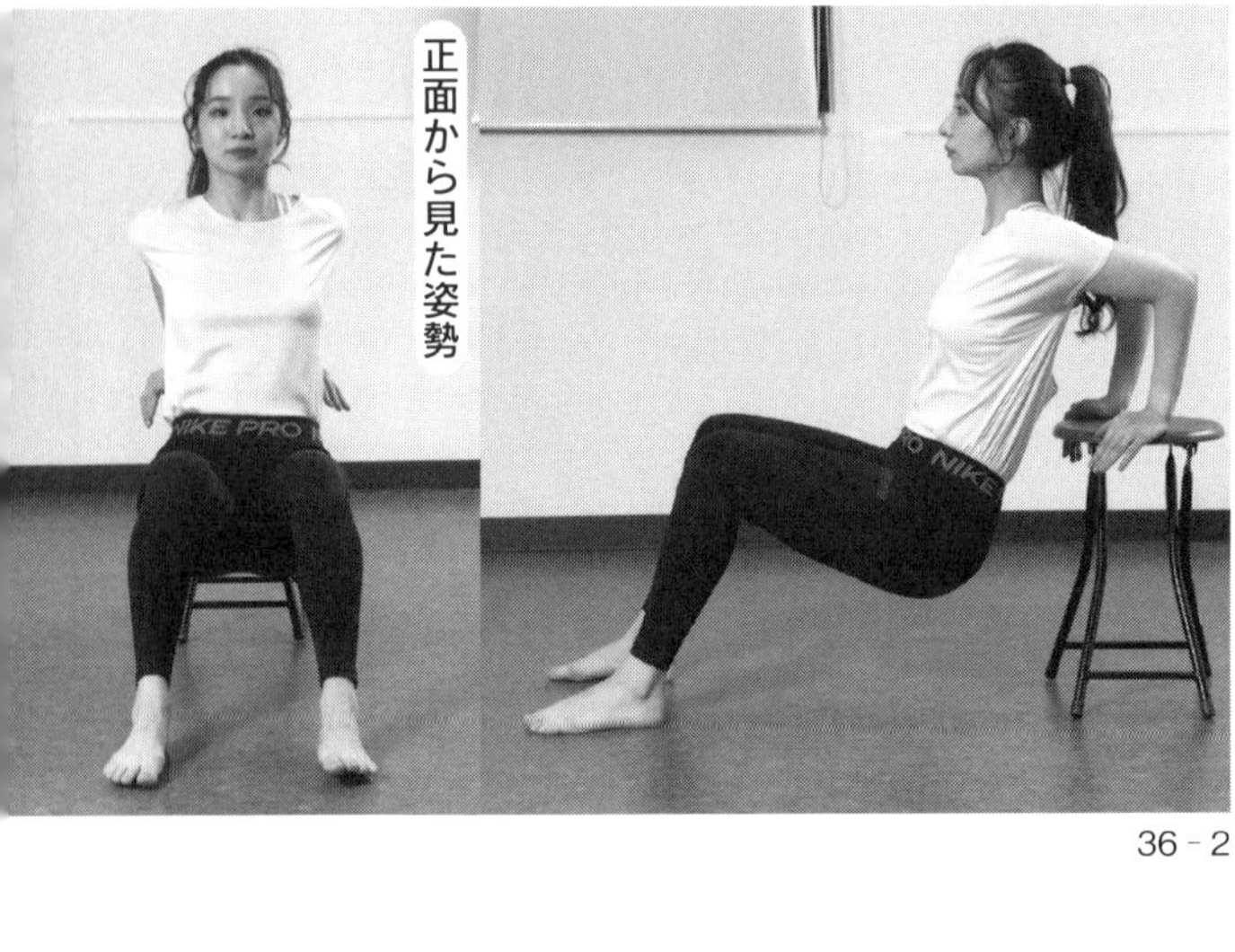

36－2

☝ 肘が逆方向に曲がりすぎないように注意しましょう（NG例）。

☝ 余裕のある方は、脚を伸ばした状態で行ってみましょう。

☝ 左右の骨盤に歪みがあると、左右の腕の角度もそろいにくくなります。角度がそろわない方は無理をせず、33のトライセプスキックバックを片腕ずつ行うことをおすすめします（36－3、36－4）。

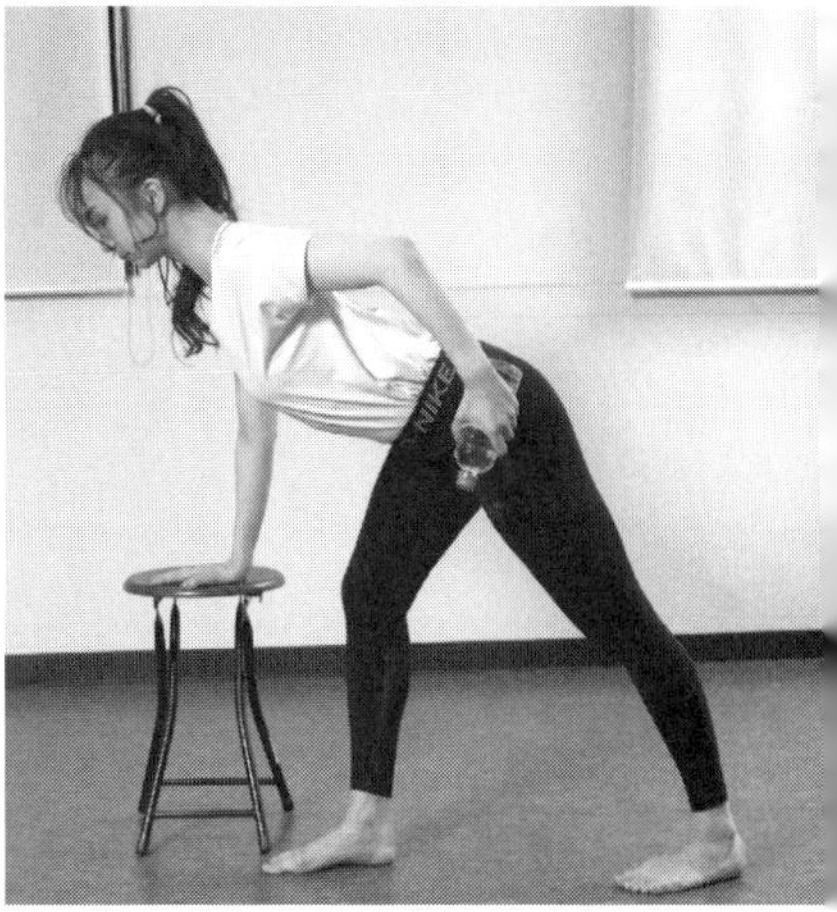
36－3

36－4

筋トレ後の「静的ストレッチ」

トレーニングを終えた後は、ストレッチで体を整えます。筋トレ後に行うストレッチは、「静的ストレッチ」と呼ばれるものです。

静的ストレッチは、体の反動や弾みを利用せずに筋肉をゆっくり伸ばすことで、トレーニングによる筋肉の緊張を和らげ、回復を促していきます。

それぞれの骨格タイプに合うものをご紹介します。

FW フォワードタイプ

フォワードタイプは腸腰筋や前腿が硬くなる傾向があるので、最後に伸ばして整えておきましょう。

㊲腸腰筋を伸ばすストレッチ（15〜30秒×1セット）

①立膝をついて座り、もう一方の脚は後ろに伸ばします（37－1）。
②体の前に体重をかけ、立てた膝と反対側の腕を上に上げます（37－2）。

37－1

37－2

第5章

③体を立てた膝の方向へひねり、元に戻ります（37－3）。
④足を入れ替えて逆側も同じように行います（37－4）。
☝ 体をひねるのがキツい場合は、②のストレッチまででもOKです。

37－3

37－4

㊳前腿の筋肉を伸ばすストレッチ（片足15〜30秒）

トレーニング前に行う②のストレッチを行います（38－1、38－2）。

38－1

38－2

39 アキレス腱を伸ばすストレッチ（片足15〜30秒）

①脚を前後に開き、前の脚を曲げて重心をかけます（39－1）。

②後ろ脚を伸ばして15〜30秒キープし、元に戻ります。

フォワードタイプでは、足首の硬い方が多いので、ストレッチで伸ばしておきましょう。段差や階段に足をかけて体重を乗せるだけでも、伸ばすことができます（39－2）。

39－1

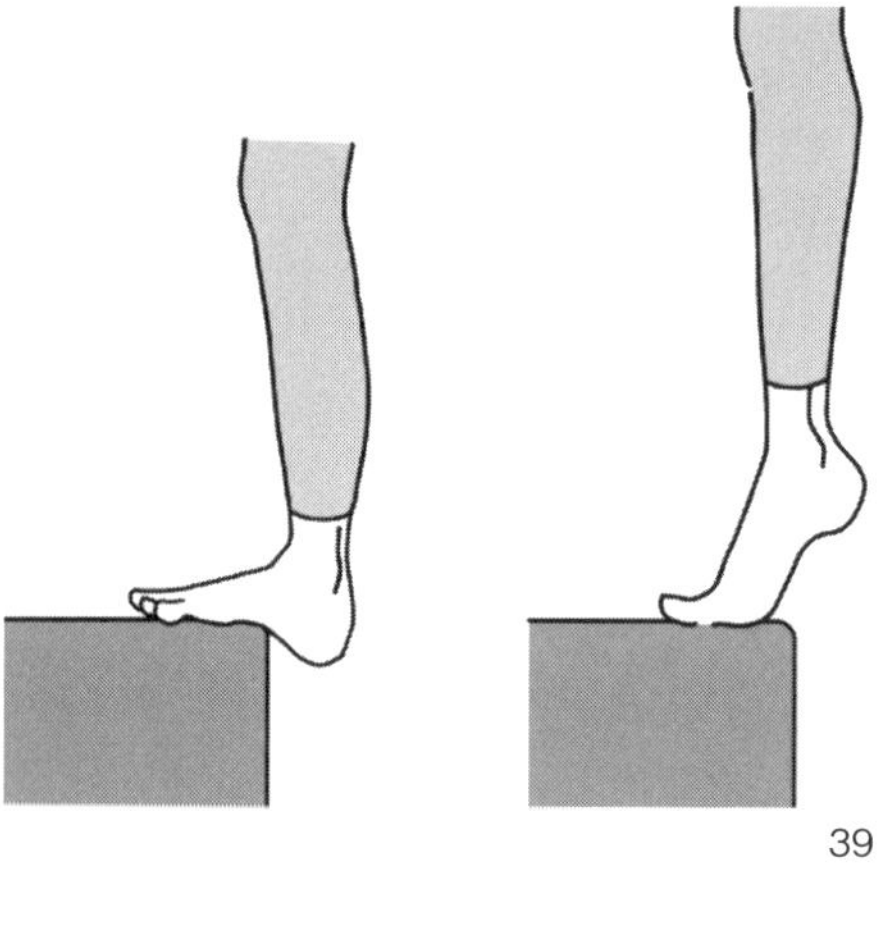

39－2

SB SA スウェーバックタイプ・ストレートアーチタイプ共通

スウェーバックタイプもストレートアーチタイプも、腿裏とお尻が硬くなります。トレーニングの最後に伸ばして、整えておきましょう。

40 腿裏の筋肉を伸ばすストレッチ（片足15～30秒）

①片足を楽に曲げ、もう一方の足を前に伸ばします（40－1）。
②体重を前にかけて前屈し、元に戻ります（40－2）。
③反対の脚も同様に行います。

背筋を丸めたほうが楽にできますが、背筋を伸ばして行うと腿裏がしっかり伸びます。

40－1

40－2

41 お尻の筋肉を伸ばすストレッチ（片足15〜30秒）

トレーニング前に行う 6 のストレッチを反動をつけずに行います（41－1、41－2）。

41－1

41－2

SP スパイラルタイプ

左右の脚で異なるストレッチを行います。

42 腿裏の筋肉を伸ばすストレッチ【短いほうの脚】（片足のみ15～30秒）

トレーニング前に行う10のストレッチを行います（42－1、42－2）。

42－1

42－2

第5章

㊸前腿の筋肉を伸ばすストレッチ［長いほうの脚］（片足15〜30秒）

トレーニング前に行う②のストレッチを反動を使わずに行います（43－1、43－2）。

43－1

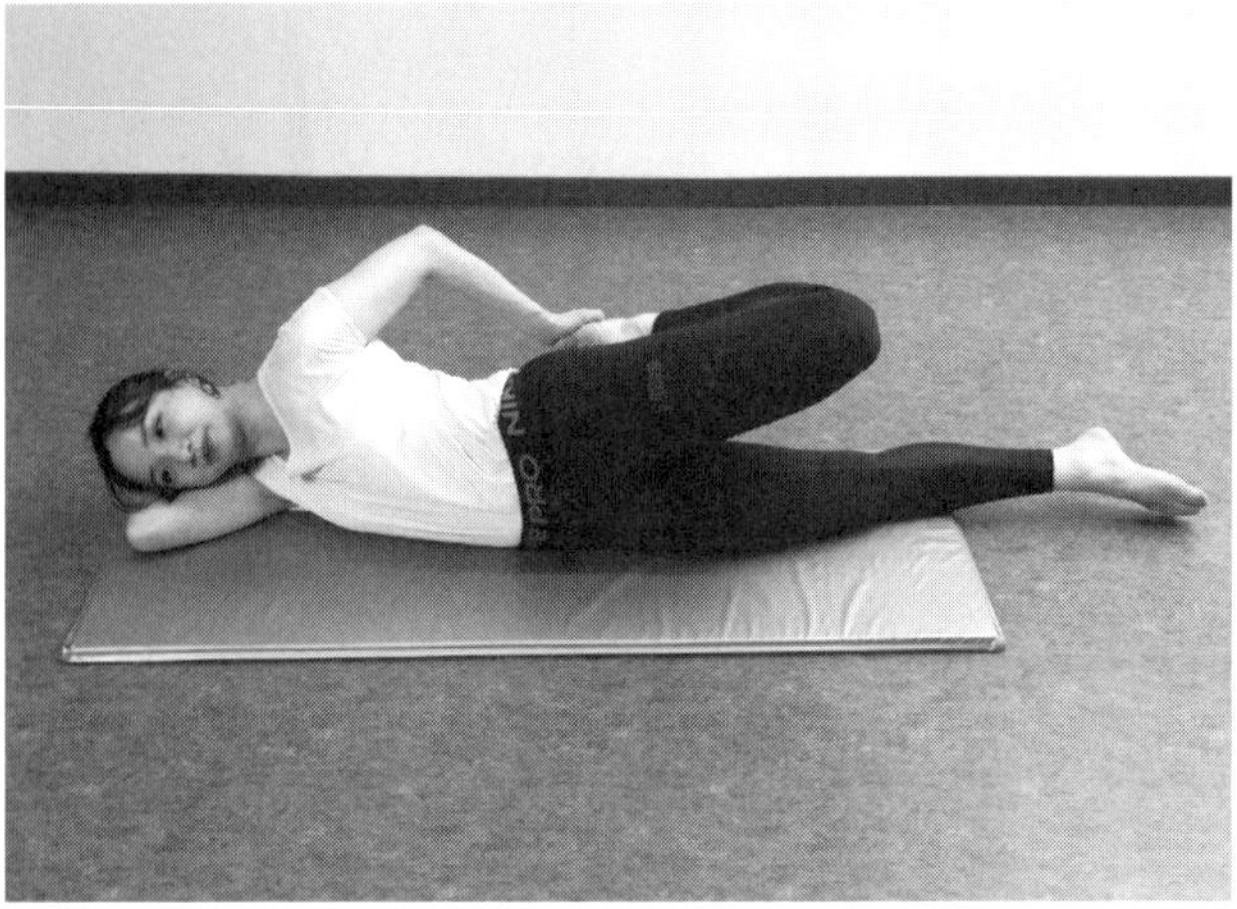

43－2

44 腸腰筋を伸ばすストレッチ ［長いほうの脚］（15〜30秒×1セット）

37のフォワードタイプと同じストレッチを行います（44－1、44－2）。

44－1

44－2

4タイプ別　美しい姿勢を保つストレッチ

バレエダンサーたちの立ち姿が美しいと思う方は多いかもしれません。でも、骨格という点から見ると、バレエダンサーの立ち方は残念ながらいいとはいえません。なぜなら、体の可動域を超えた動きが必要になるからです。バレエダンサーたちはたくさんの練習を積んでその域まで達しますが、私たちはもっとハードルの低いところで、美しい痩せ体質の骨格作りを目指していきましょう。

一般的に美しい姿勢というと、左の写真のように頭を真上から引っ張られているようなイメージで背筋が伸び、耳・肩・大腿骨の大転子《だいてんし》・膝・踵が一直線上にある状態とされることが多いようです。

こうした姿勢を維持するには、やはり骨格を支える筋肉を整えることが大切です。美しい姿勢作りのために特に重要なストレッチを、骨格タイプ別にご紹介していきましょう。

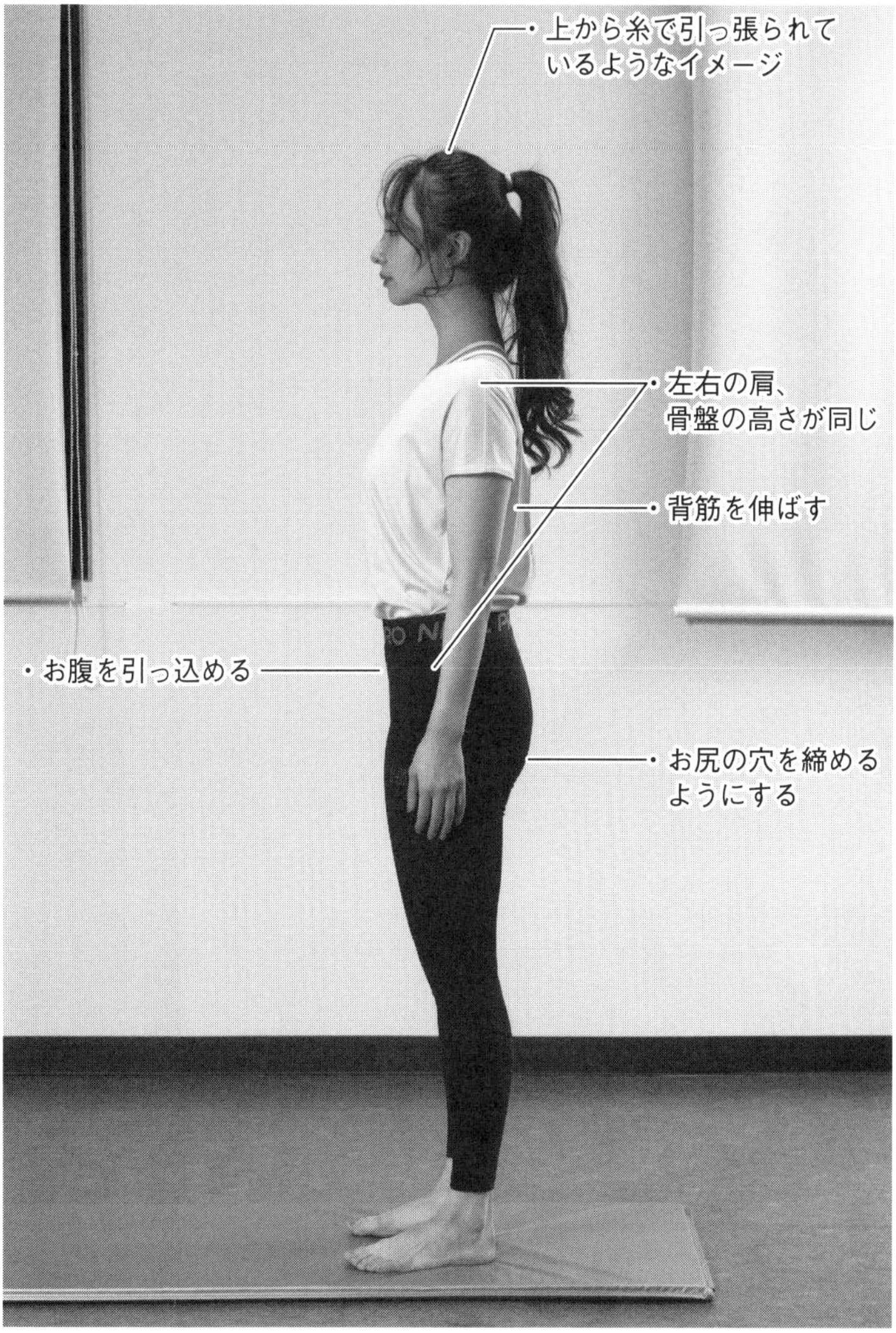
・上から糸で引っ張られて
いるようなイメージ
・左右の肩、
骨盤の高さが同じ
・背筋を伸ばす
・お腹を引っ込める
・お尻の穴を締める
ようにする

第5章

FW フォワードタイプ

37 腸腰筋を伸ばすストレッチ（15～30秒×1セット）

＋**2 前腿の筋肉を伸ばすストレッチ**（片足15～30秒）

＋**7 背中と腰の筋肉を伸ばすストレッチ**（10回）

※3つともすでに説明をしているので、ここでは方法を省いています。

☝ 37がキツいという場合は、1の腸腰筋を伸ばすストレッチでもOKです。その場合は、片脚ずつ腰を落とした状態で15～30秒静止して行います。

☝ 7のストレッチを行う時には、背中を丸めるほうを特に意識して行いましょう。

37

2

37

7

SB

SA

スウェーバックタイプ・ストレートアーチタイプ

45－1

45 腿裏の筋肉を伸ばすストレッチ（片足15〜30秒）

①仰向けに寝た状態で、片足にタオルをかけます（45－1）。

②そのまま上に持ち上げ、15〜30秒キープ。

③反対側の脚も同様に行います。

☝膝が曲がらないように注意して行います。

☝余裕があればタオルを使わず、上げた脚を手で自分のほうに引き寄せていきましょう。

＋ [6] お尻の筋肉を伸ばすストレッチ2（片足15～30秒）

＋ [46] 中臀筋を伸ばすストレッチ（片足15～30秒）

①座った状態で脚をクロスさせます（46－1）。

②組んだほうの脚を自分に引き寄せ、15～30秒キープして元に戻ります（46－2）。

③反対側の脚も同様に行います。

☝ 中臀筋はお尻の側面にある筋肉です。背筋をまっすぐにすることを意識して行いましょう。

46－1

46－2

※ [6] はすでに説明をしているので、ここでは方法を省いています。

[6]

SP スパイラルタイプ

短いほうの脚はスウェーバックタイプと同様に、長いほうはフォワードタイプと同じストレッチを行います。

外でも！ ヒップアップする歩き方

FW SB SA SP 全骨格タイプ共通

正しい骨盤の位置でまっすぐ歩くと、脚は後ろ側にも10度開きます。これがうまくできないと、歩幅が狭くなるだけでなく、後ろに伸ばせないことをカバーするためにふくらはぎに負担がかかるようになります。この歩き方は、特にフォワードタイプの方に多く見られます。

正しい歩き方は、お腹にしっかり力を入れ、足が付け根からしっかり伸びるように歩くことです。**骨盤で歩くようにイメージする**といいと思います。

そして、足が地面につくときは、まず踵からが基本です。**踵から足の小指側に重心が移り、そこから母趾球に抜けるようにイメージする**と、歩き方が変わってきます。

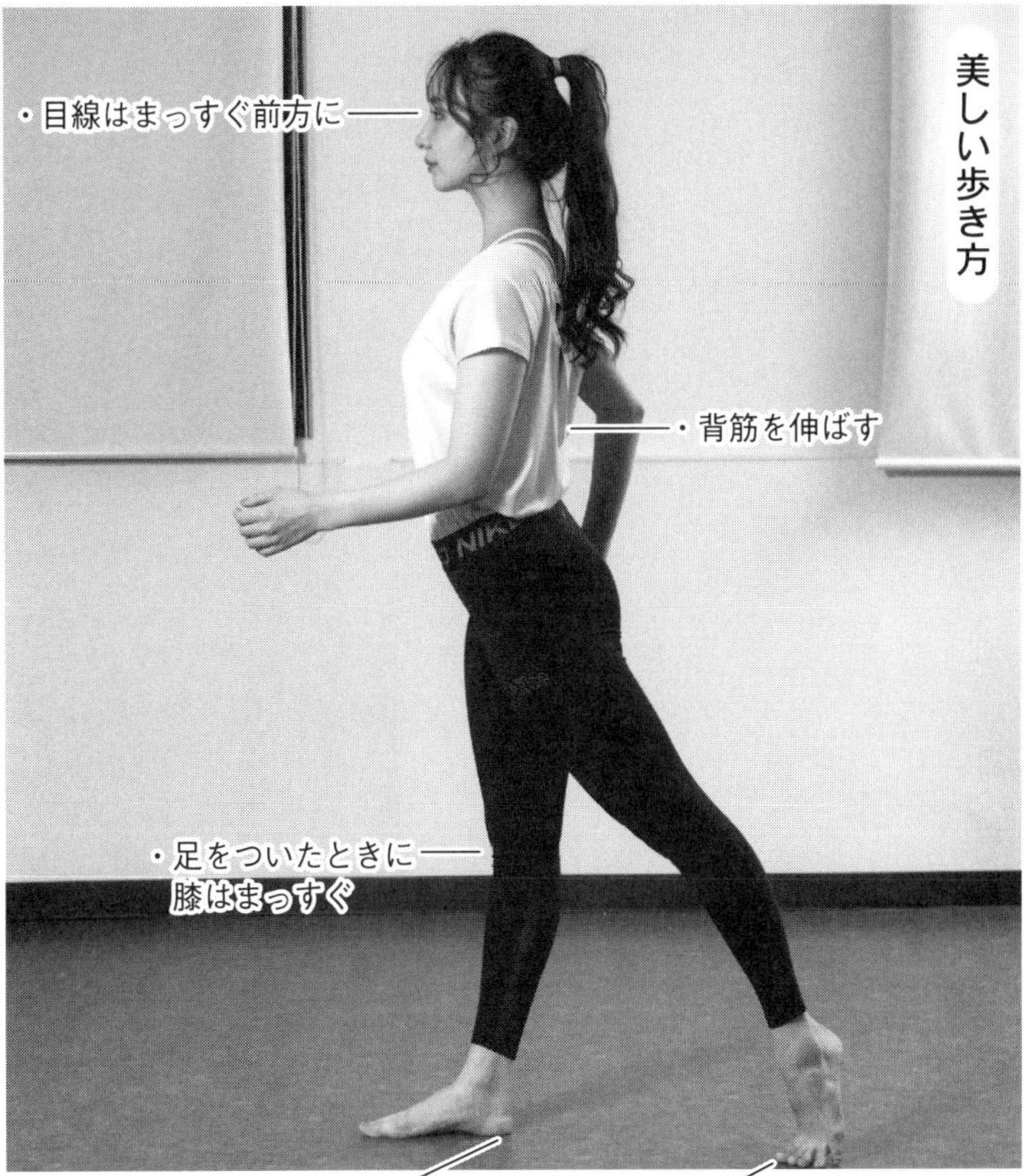
・目線はまっすぐ前方に
・足をついたときに
膝はまっすぐ
・地面につくときは
踵から
・親指からしっかり
蹴り出す

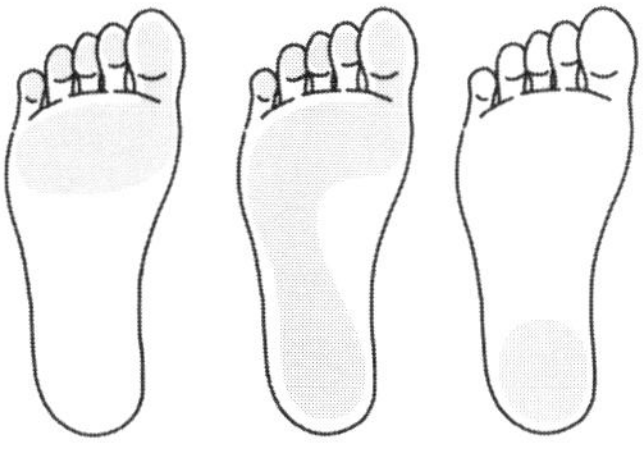

足裏の体重移動の流れ

踵から、小趾球（小指側の膨らみ）、母趾球（親指側の膨らみ）へ体重を移動し、親指で蹴り出します。足裏全体をしっかり使いましょう。

第5章

フォワードタイプの方は、鼠蹊部が硬い場合が多いので、歩く前に37の腸腰筋を伸ばすストレッチを行うと、歩きやすくなります。

スウェーバックタイプの方、ストレートアーチの方は、骨盤が後ろに倒れているため、足を摺りながら歩く場合が多いです。脚の開き方と足の指を使って歩くことを意識しましょう。

スパイラルタイプの方は、長いほうの脚はフォワードタイプ、短いほうの脚はスウェーバックタイプと同じ骨格の癖があります。左右均等に脚を開くこと、地面に踵からつくことを意識しましょう。

そして、どの骨格タイプも**歩いている時にお尻を使っている感覚**を持つことが大事です。筋肉は意識を向けることで、より働いてくれます。消費カロリーも増えますし、ヒップアップにもなります。

どこでも

正しい骨盤位置を維持する座り方

FW SB SA SP 全骨格タイプ共通

正しい座り方とは、頭（耳）・肩・腿の付け根が一直線状にあり、背筋がピンと伸びている姿勢です。言い換えると、これが骨盤を正しい位置に置いた座り方です。

骨盤を正しい位置にキープするコツは、お尻の穴を締めるように力を入れることです。そうすると、骨盤周りの臓器を支え

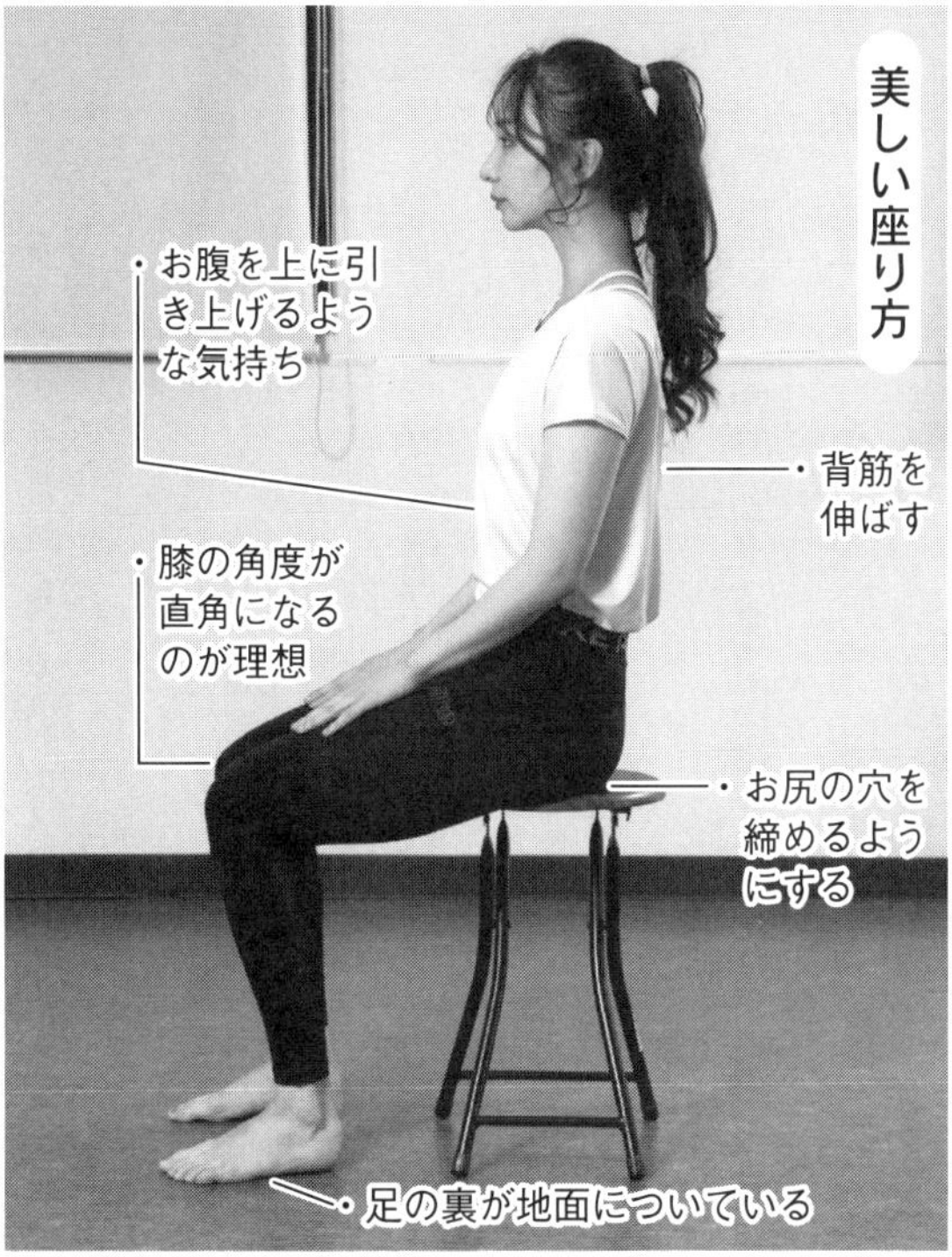

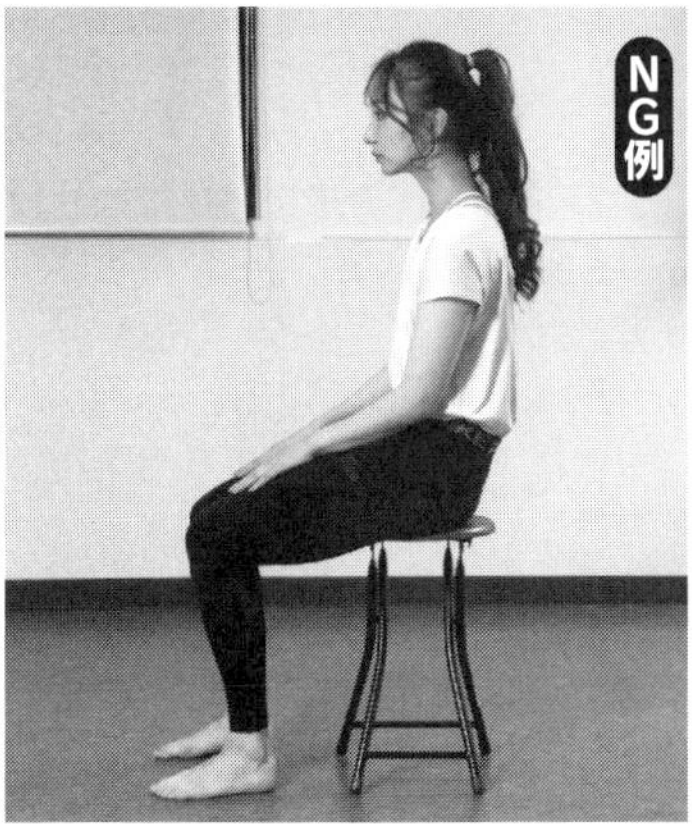

ている骨盤底筋群が鍛えられ、骨盤の位置が整いやすくなります。

脚を組んだり、悪い姿勢で座っていたりすると、骨盤の位置が歪み、腰痛などを引き起こす原因にもなります（NG例）。

普段から自分の座り方を意識することで、正しい座り方を習慣化していきましょう。

職場でも 仕事中にできる運動

FW SB SA SP 全骨格タイプ共通

デスクワークをしていると、正面だけでなく、左右に体を曲げたままパソコンを使っていたり、片側の足だけをずっと組んでいたりすることもあると思います。こうした動作は、骨盤の歪みにつながります。できるだけ前を向いて背筋はまっすぐに、そして、お尻の穴を締めるようにして正しい姿勢を保つように心がけましょう。

その上で、さらに〝仕事をしながら〟できるトレーニングもいろいろあります。おすすめをいくつかご紹介します。

47 仕事をしながら、内腿トレーニング（15〜20回）

①椅子に座った状態で背筋を伸ばし、足の間にフェイスタオルを挟みます（47）。

②内腿に力を入れてタオルをギュッと挟む、力を緩めるを繰り返します。

☝タオルをギュッと挟む時には、お尻の穴を締めるように意識しましょう。

スウェーバックタイプ、ストレートアーチタイプの方は内腿の筋肉が弱いので、特におすすめです。

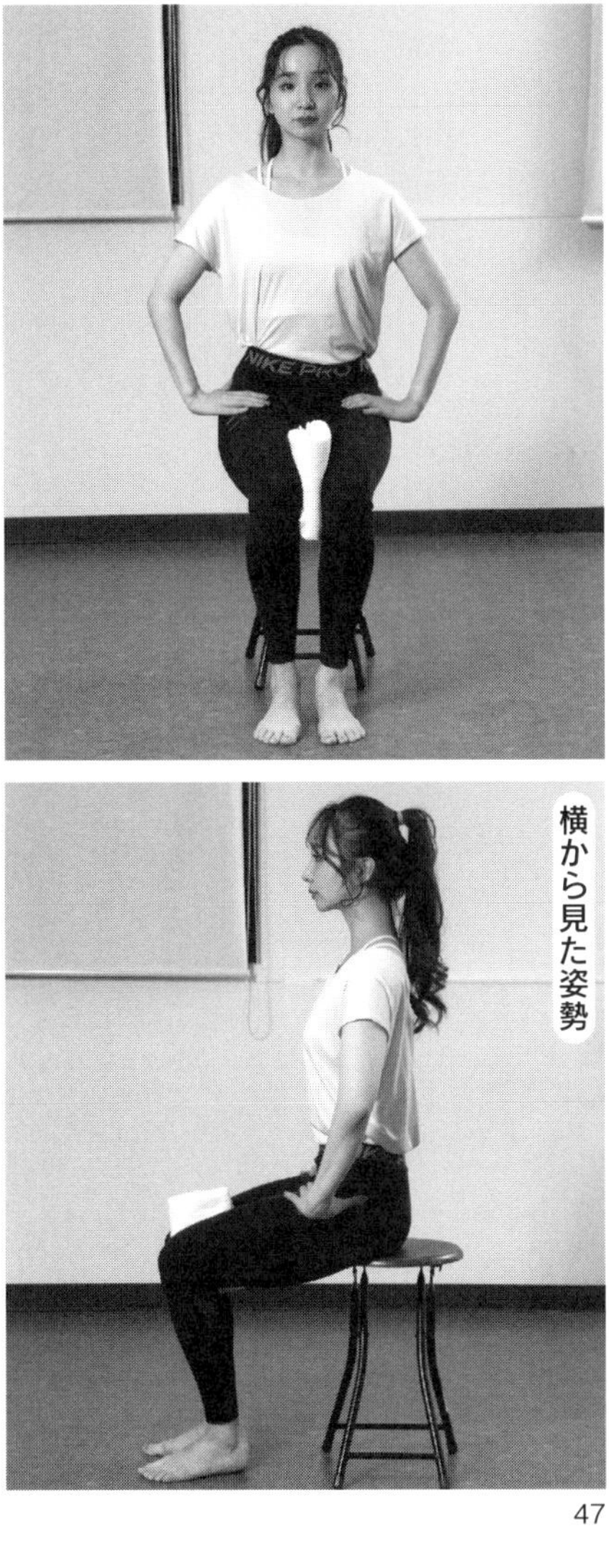

47

48 仕事をしながら腸腰筋トレーニング（15～20回）

①椅子に座った状態で背筋を伸ばし、正しい座り姿勢を取ります。

②その場で足踏みをするように、片脚ずつ浮かせて下ろすを繰り返します（48）。

☝スウェーバックタイプ、ストレートアーチタイプの方は、脚を上げようとすると上体がのけぞる癖があるので、上体を正しい姿勢に保つことを意識しましょう。

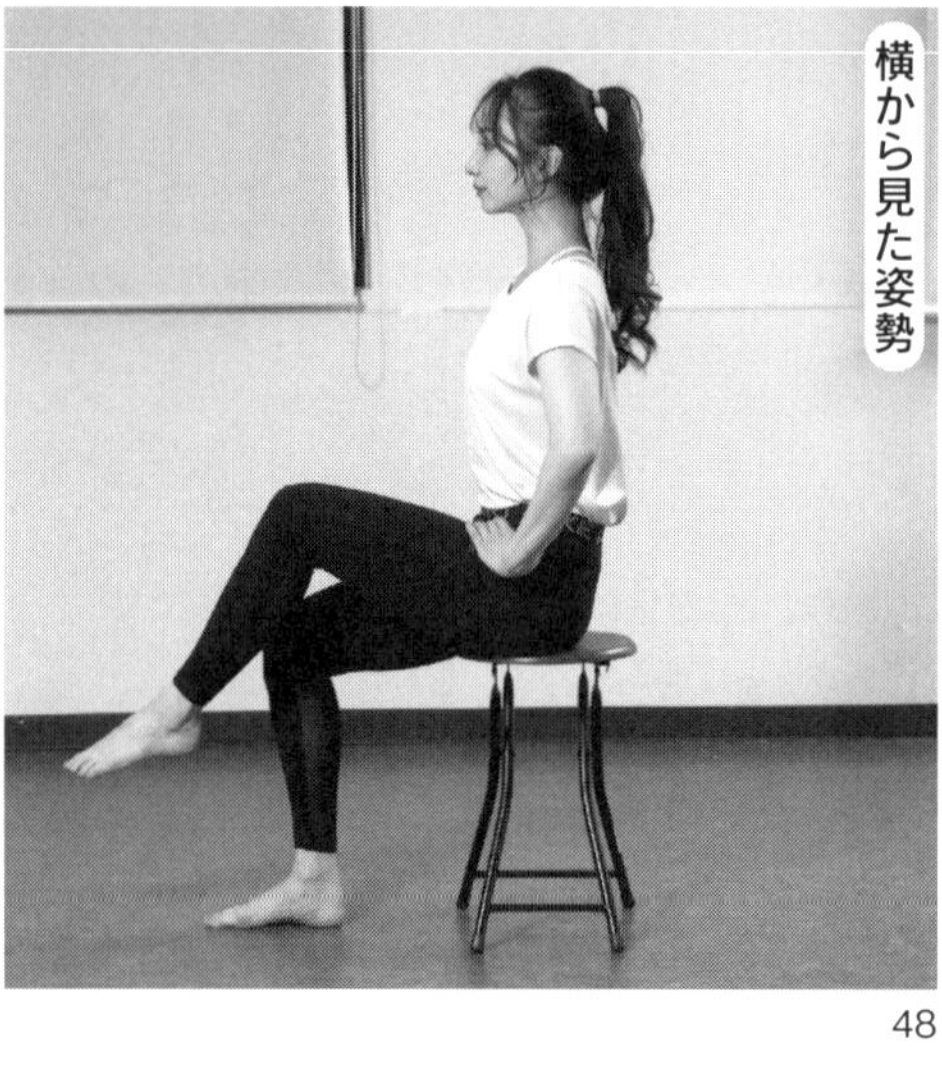

48

49 仕事をしながら肩甲骨ストレッチ（15～20回）

①指を組んで腕を前に伸ばします。肩甲骨の間が広がることを意識しましょう（49－1）。
②肘を曲げて腕を後ろに引きます。肩甲骨を寄せることを意識しましょう（49－2）。
③これを繰り返します。

☝ パソコンをしながら、合間に行えるストレッチです。肩甲骨の間を意識して行うのがポイント。肩甲骨を寄せる時に肩が上がらないように気をつけましょう。

☝ ストレッチ用のゴムを引っ張りながら行うのもおすすめです。

49－1

49－2

そのほか「ながら」運動

FW SB SA SP 全骨格タイプ共通

本書でおすすめしている「骨格ポジショニングダイエット」は、自分の骨格に合った方法で、痩せやすい体を作っていくことを目指します。筋肉をバランスよく使うことで、日常生活の中でも無理なく痩せていくことができるようになります。簡単なものをいくつかご紹介します。

50 トイレでスクワット（トイレに行くたび10回）

①トイレの便座の前に立ちます（50－1）。
②腰を落とし、お尻が便座についたら腰を上げるを繰り返します（50－2）。
※ここでは、トイレの代わりに椅子を使用しています。椅子の座面がトイレの便座だとイメージしてください。

50－1

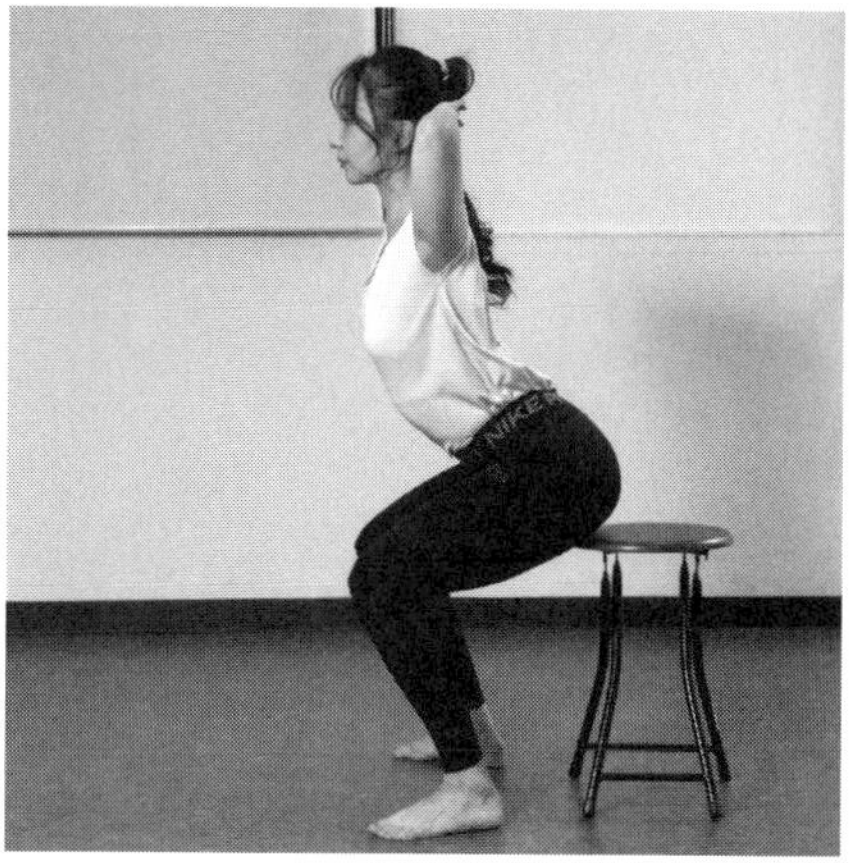

50－2

☝スクワットは自分の骨格タイプに合わせて行います。スウェーバック、ストレートアーチタイプの方は26の脚を肩幅よりも広く開いたワイドスクワット、フォワードタイプ、スパイラルタイプは、通常の肩幅に開いたスクワットを行います。

☝脚の筋肉を使うことで血流を促します。血流がよくなることで、体内の老廃物や脂肪、酸素などが運ばれやすくなります。脂肪が燃焼する際には酸素が必要です。血流の促進は、痩せやすい体作りにも重要なのです。

第5章

51 歯磨きをしながら踵の上げ下げ（15〜20回）

①脚をハの字に開いて立ちます。（51－1、踵はつけた状態でなくても大丈夫です）

②歯磨きをしながら、踵を上げ下げします（51－2）。

☝ヒップアップ効果の高いトレーニングです。

☝お尻の穴を締めるように力を入れ、母趾球を意識しながら行うのがポイントです。

51－1

51－2

52 立ちながらお尻筋トレ（15〜20回）

①背筋を伸ばし、肩幅程度に脚を開いて立ちます（52）。

②そのまま、膝の内側をくっつけるように力を入れたり緩めたりを繰り返します。

☝ 電車での移動中や台所で家事をしながら行えるトレーニングです。膝をつける動作にはお尻の筋肉を使います。年齢とともにお尻と腿裏の筋肉が落ちやすくなります。日ごろから筋肉を使う機会を増やしておきましょう。

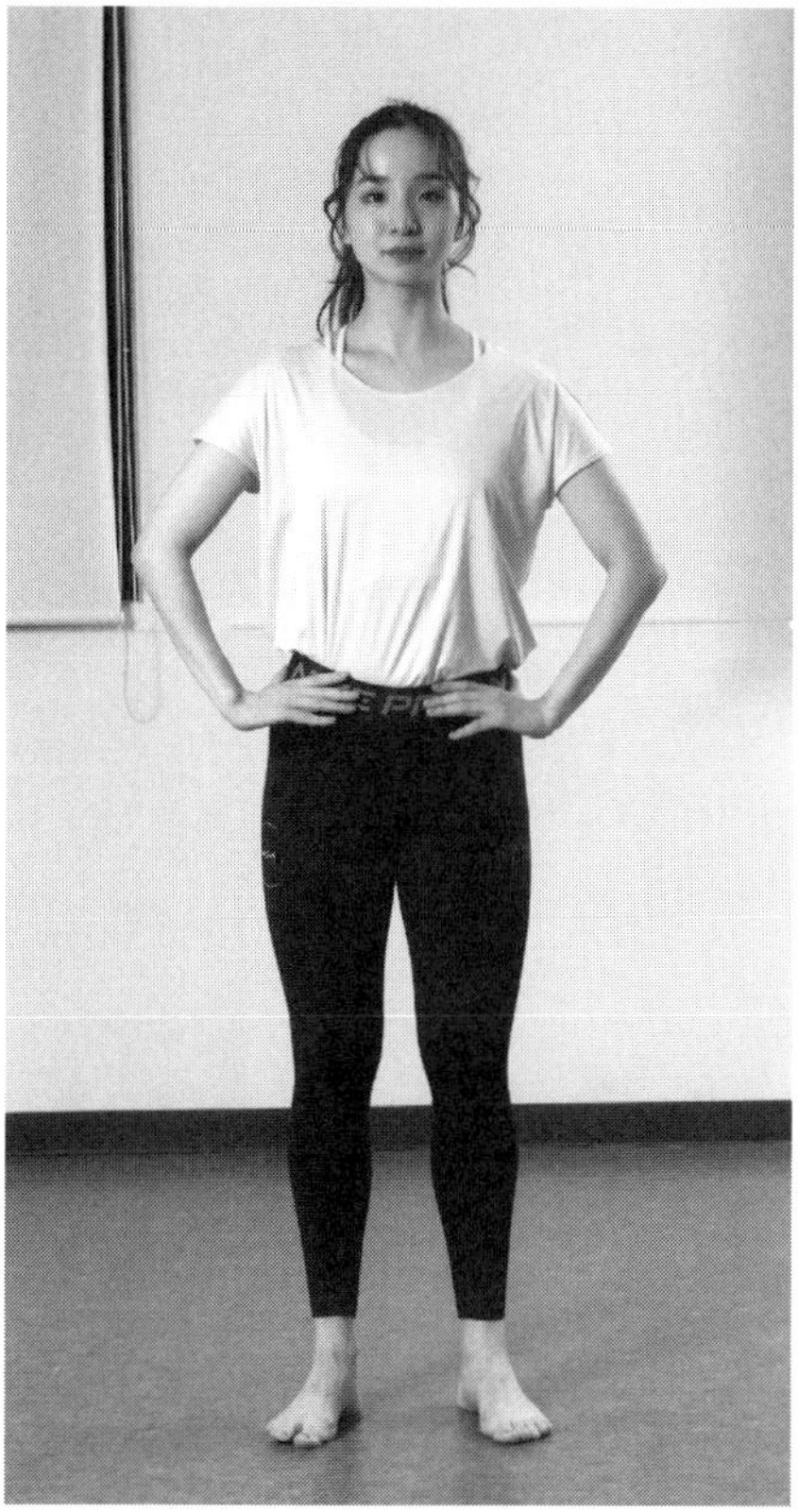

52

ここまでご紹介した以外にも、日常生活の中で筋肉を意識し、伸ばしたり、鍛えたりする機会はいろいろあると思います。ご紹介したストレッチや筋トレ法を参考に、あなたのルーティンを決めておくのもいいでしょう。

・頑張りすぎずに無理なく続けられること
・自分の骨格タイプに応じた方法であること

この2つのポイントを忘れずに、実践してみましょう。

第6章

あさっての方向に筋肉をつけると痩せない上に体を壊す

骨格別に「やりすぎてはいけないトレーニング」がある

「ベンチプレスで胸の筋肉を鍛えたかったのに、背中だけがムキムキになって……」

そんなお悩みを抱えたお客様が、私のジムに来られました。

骨格のタイプを無視してトレーニングをしていて、「こんなはずじゃなかったのに」「どうして、こうなったのかわからない」というケースは、結構〝あるある〟です。

このお客様の場合、体の動かし方を確認させていただくと、骨格がストレートアーチタイプでした。ストレートアーチタイプの方には、体が硬く、関節の可動域が狭いという特徴があります。つまり、ご本人が思っているほど肩甲骨周りの関節がうまく動かせていなかったのです。

本来、ベンチプレスは胸の筋肉（大胸筋）を鍛えるトレーニングです。しかし、肩甲骨がうまく寄せられない状態でバーベルを上げ下げしても、胸の筋肉を正しく使うことはできません。そして、胸の筋肉が使えない分を補おうとして背中の筋肉を使うことになり、結果的に背中がムキムキになっていたのです。

こんなふうに、トレーニングの理屈からいえば効くはずなのに全然効かない、反対に、効いてはいけないところに効いてしまい、思いどおりのスタイルにならないことがあります。本章では、日常生活やトレーニングの中にある〝落とし穴〟をご紹介したいと思います。

まずは、冒頭のベンチプレスのお客様と同様、骨格タイプを無視したトレーニングで起こりやすい事例を見てみましょう。

足を伸ばしすぎるレッグレイズは腰を痛める（フォワードタイプ）

レッグレイズは、腹筋の中でも主に「腹直筋」という筋肉を鍛え、下腹を引き締めるトレーニングとしてよく使われます。ただし、脚を上げ下げする時に腰が浮いた状態になっている方がとても多いのです（次ページのNG例）。この状態で無理にトレーニングを続けると、腰を痛めてしまいます。特にフォワードタイプの方はもともと反り腰で腰が浮きやすく、レッグレイズはおすすめのトレーニングとはいえません。それよりも、第5章でご紹介した13ドルフィンプランク、14ヒールタッチクランチ、15デッドバグを実践することをおすすめします。

また、フォワードタイプ以外の方でも、レッグレイズで腰が浮いてしまうという場合は、腰が浮かないようにすることを第一優先にしましょう。例えば、脚をまっすぐに伸ばして行うのではなく、膝を曲げた状態で行うと腰が浮きにくくなるため、腰への負担が少なくなります。

骨格タイプに適したトレーニング方法を実践しないと、トレーニングの効果が得られないだけでなく、ケガをするリスクが増えることも、知っておいていただきたいことの一つです。

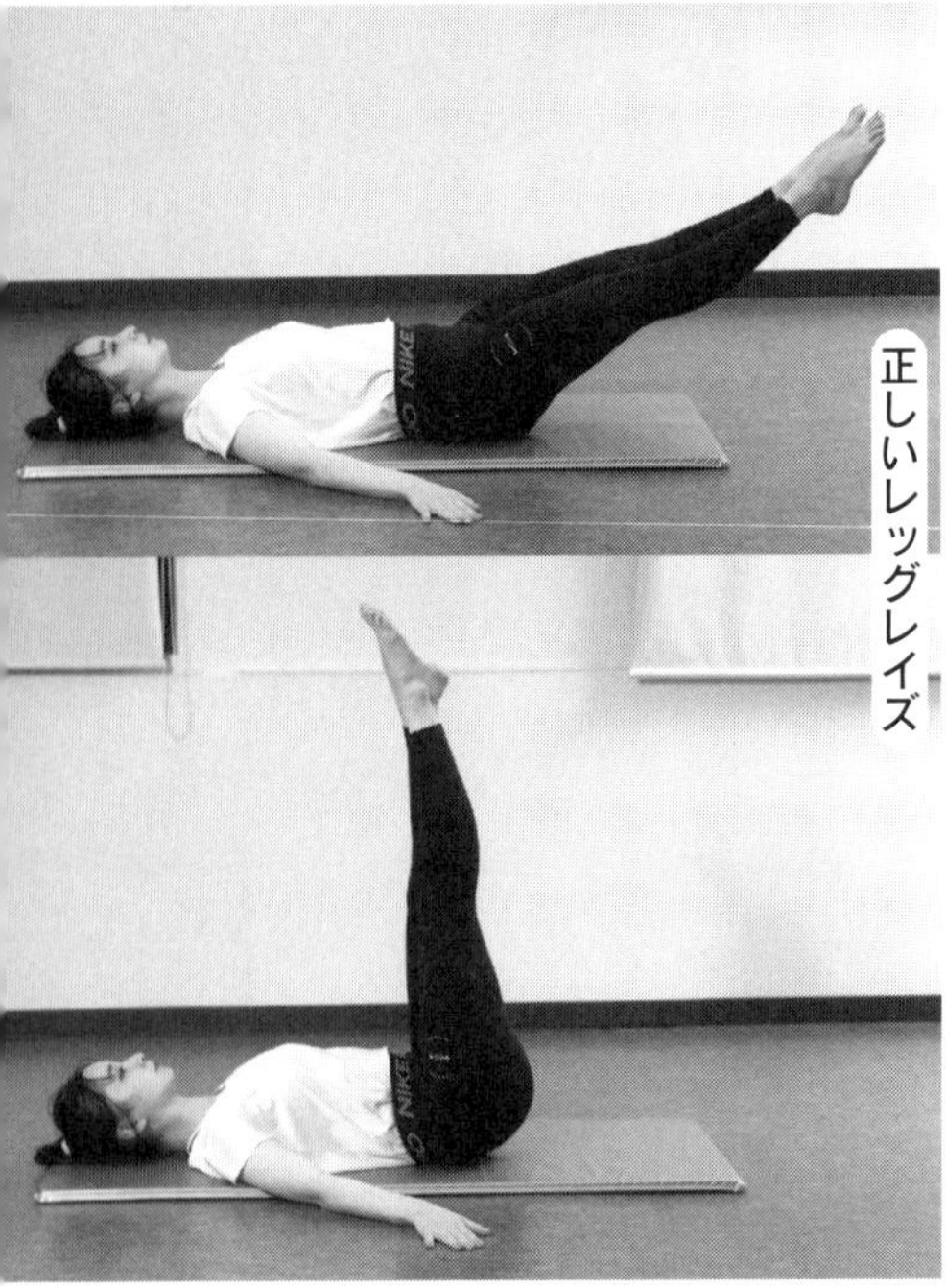

●「腰が丸まったスクワット」で足が太くなる（スウェーバックタイプ）

骨盤が後傾しているウェーバックタイプの方は、一見反り腰に見えるのですが、実際は背骨がまっすぐで、腰が丸くなりやすいといえます（NG例）。この状態のままスクワットをすると、腿裏は硬く凝り固まり、前腿は筋肉が伸び切ってパンパンに張るという状態になり、トレーニングをする前よりも足が太くなってしまう可能性があります。これがスクワットにより足が太くなると噂される理由です。

NG例

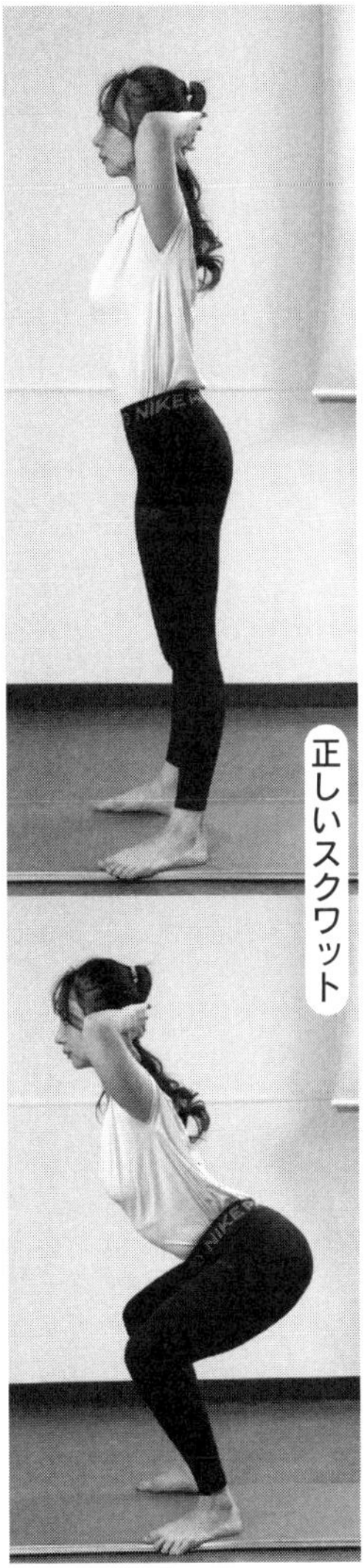

正しいスクワット

●「肩甲骨が挙がった腕立て伏せ」で首が太くなる（ストレートアーチタイプ）

正しい腕立て伏せは、肩甲骨を寄せた状態で行います。ですが、ストレートアーチタイプの方は全身の関節が硬く、肩甲骨を動かすことが苦手です。そのため腕立て伏せをしようとすると、肩甲骨を寄せられず、上へ挙がったままで行うことになります（NG例）。

腕立て伏せは、胸と二の腕を鍛えるために行うのが通常ですが、肩甲骨が挙がったままで行うと、背中から首にかけてつながっている筋肉（僧帽筋）に効いてしまい、腕立て伏せをするほど背中が大きくなる、首

が太くなるという結果につながってしまいます。ストレートアーチタイプの方は、腕立て伏せではなく、第5章でご紹介した35オーバーヘッド・トライセプスエクステンションを行うほうが二の腕痩せの効果が期待できます。

●「フォームの崩れたバードドッグ、スクワット」でさらに体がねじれる（スパイラルタイプ）

スパイラルタイプの方は、左右で骨盤の向きが違います。片方は前傾、片方は後傾して、体がねじれた状態になっているのです。

第5章でスパイラルタイプのトレーニング法としてご紹介している22バードドッグやストレッチも、体がねじれた状態で行っても効果が得られないどころか、体がさらに強くねじれてしまいます（NG例）。

トレーニングでは、いかに正しく筋肉を使えるかが重要です。そのためにも、トレーニング前のストレッチで骨盤の歪みを整えることが重要なのです。

NG例

また、トレーニングの最中も、筋肉を使っていることをしっかり意識しましょう。ただ体を動かしている時と、意識して体を動かした時では、筋肉への効き方が変わります。ただし、自分の感覚ではまっすぐできているつもりでも、実際は左右のどちらかに歪んでいるということがよくあります。鏡を見たり、他の人にチェックしてもらったりしながら、正しいフォームで行うようにしてください。

正しいバードドッグ

片方に重心が偏る動作は全てNG！

一般的に、右利きの人は左足が軸足になることが多いといわれています。大抵の方は無意識のうちに片方の足に重心を置いて立っていたりします。普段からそういうクセをつけてしまうと、いつも片側の筋肉だけを使うことになり、体の歪みを助長してしまいます。立っている時だけでなく、悪い姿勢で座ったり、脚を組んで座ったりするのも、骨盤の位置が歪み、体全体の歪みにつながっていきます。

また、片側にショルダーバッグやトートバッグをかけたり、重たい荷物を持ったりするのも同様です。いつも同じほうの肩を使っていると、それが歪みにつながります。バッグや荷物がダンベルだと考えてみてください。いつも片側にだけダンベルをつけて鍛えているようなものですから、歪みが出るのも当然といえるでしょう。

もし、持ちやすいほうの肩が決まっているという場合は、すでに体に歪みがある可能性が高いといえます。両肩を均等に使うように、普段から意識するといいと思います。

ちなみに、意外な盲点にドライヤーというのもあります。髪を乾かすために、毎日ドライヤーを使う方もいらっしゃるでしょう。ロングヘアの方ほど、片手でドライヤーを持っている時間が長くなりますよね。仮に右手でドライヤーを持っていると、右側の肩はずっと上げたままの状態になり、肩甲骨周りの筋肉が硬くなってしまいます。些細なことですが、生活習慣の積み重ねが体の歪みに現れてくるのです。

歩きスマホは猫背リバウンドの最大の敵

そもそも歩きスマホは危険ですから、してはいけない行為です。とはいえ、街中では歩きスマホをしている人をよく見るのが実情です。その姿を見ながら思うのは、「その行動は、危険なだけでなく、姿勢にとってもよくない」ということ。

歩きスマホの時は、スマホを片手で持ち、持っている手の親指で操作をします。この親指の使い方が、実は姿勢に悪い影響を与えているのです。

なぜかというと、親指を内側に曲げるという動作は、人間にとってはかなり苦手な操作だからです。試しに手元のスマホを持って親指で操作してみてください。親指を動かすと、上腕骨が内側に入り手首付近の前腕が内にねじられることがわかると思います。その状態で操作を続けると、前腕の筋肉がだんだん硬くなり、筋肉を包んでいる筋膜が内側に引っ張られていきます。前腕の筋膜は肩の筋膜につながっていますから、肩の筋肉もだんだん腕のほうに引っ張られていき、巻き肩になって背中が丸くなってしまうのです。しかも、スマホを見る時には下を向いていることが多く、この姿勢自体も胸の筋肉を縮め、背中を丸くする要因になっています。

せっかくストレッチやトレーニングで姿勢を整えても、スマホの操作一つで台無しになるかもしれません。**姿勢が悪くなれば自然と基礎代謝も落ちてしまう**ので、ダイエットをされている方は、ぜひ、ご自身のスマホの操作方法を見直してみてください。

以前は、何かを見ながら歩くという人はほとんどいなかったと思います。スマホの普及によってここ数年で急に増えたように感じます。運動不足の若者がこのままの状態を続けたら一体どうなっていくのでしょうか。数年後には猫背で悩む

人がもっと増えているかもしれませんね。傾向としてはスウェーバックタイプがさらに悪化したような骨格タイプだと思うのですが、もしかするとスウェーバックタイプとはまた違う、第5の骨格タイプが登場するかもしれません。

ハイヒールは反り腰を悪化させる

おしゃれを楽しむために、ハイヒールを履く方はたくさんいます。ですが、骨格を整えるという点からいうと、あまりおすすめはできません。

ハイヒールを履くと踵が高くなり、重心がつま先に移ります。そして、踵を上げているために、ふくらはぎの筋肉は常に収縮した状態になります。

たしかに、この状態の足の形は見栄えがいいと思います。ふくらはぎの形が逆三角形になり、アキレス腱が締まってスッキリ見えるので、足が細く、長く見えるのです。

しかし、実際はふくらはぎの筋肉が収縮して硬くなり、血流が停滞して老廃物が溜まるため、足は太りやすくなっています。しかも、踵を上げた状態が長く続くと、足首の可動域は狭くなっていきます。足首が正しく回らない状態で膝を曲げると、ハイヒールを履いていない状態でも自然に踵が上がってしまいます。この姿勢でバランスを取ろうとすると、前腿の筋肉が緊張して硬く縮みます。

前腿の筋肉は膝下の筋肉と骨盤をつないでいます。そのため、前腿の筋肉が縮むと骨盤が前に引っ張られ、反り腰を悪化させる原因になってしまうのです。

骨格の歪みを大きくしないためにも、ハイヒールは〝勝負の時〟だけ履くようにして、普段はローヒールのものを履くようにしましょう。また、同じローヒールでも、パンプスはつま先が細く足の指を圧迫します。できればパンプスの利用も避け、ローファーやスニーカーなど、靴の中で足の指が自由に動かせる履物を選ぶようにしましょう。

食事制限はあんなに辛いのに必ずリバウンドする

ジムのお客様の中にも、ダイエットのために食事制限をした方がたくさんいらっしゃいました。その中でも特に多かったのは「1食置き換えダイエット」と「糖質制限ダイエット」です。

1食置き換えダイエットは、1日3回の食事のうち1食を低カロリーのダイエットフードに置き換えるというものです。一般的には、いちばん豪華で摂取カロリーが高いのは夕食ですから、それをダイエットフードに置き換えることで、1日の摂取カロリーを大幅に減らすことができます。ただし、夜だけ食べる量が極端に減るので猛烈にお腹が空きます。それが辛くて続かないという方も多いのです。

もう一つの「糖質制限ダイエット」は、肉や魚、油などは制限せず、ごはんやパン、パスタといった炭水化物を控えることで、体の脂肪をエネルギー源として燃やそうというダイエット法です。食べられる食品は比較的多いのですが、ずっと主食を我慢することになります。

しかも、食べたいものを我慢しているにもかかわらず、過剰な食事制限をすることでリバウンドのリスクが高まります。その仕組みを簡単に説明しましょう。

私たちの体は、食べ物から得た栄養素をエネルギーにして活動しています。エネルギー源となるのは、糖質、脂質、そしてタンパク質です。

普段から運動をしていると、糖質が不足した場合に脂質をエネルギーに変えることができるのですが、運動をせずに食事制限だけでダイエットをすると、脳は「筋肉を使っていないから、これをエネルギーにすればいい」と、筋肉のタンパク質を分解してエネルギーに変えていきます。人の基礎代謝量は筋肉の量に比例しますから、筋肉量が落ちれば基礎代謝量も落ちます。これが、ダイエットをやめた時のリバウンドにつながるのです。

基礎代謝量は、私たちが生きていくために必要な最低限のエネルギー量です。つまり、**何をしなくても基礎代謝量のエネルギーは自然に消費されていきます**。自然に消費される量が減ってしまうのですから、同じ食事をとった場合に、以前よりも太りやすいということになります。もちろん、必要以上に食べている場合は食事の内容を見直す必要がありますが、過剰な食事制限は、ダイエットには逆効果です。適度な食事と自分に合った運動で、着実に痩せる方法を身につけていきましょう。

ちなみに私のジムでは、ダイエット中のお客様であっても、筋トレ直後には甘いものを食べることをおすすめしています。

筋肉には、糖質を「筋グリコーゲン」という形で貯蔵する器官があります。この糖質が筋肉を動かすエネルギーになるのですが、筋トレ直後はエネルギーが枯渇している状態なので、速やかに筋肉に栄養を与える必要があるのです。

ただし、**食べてほしいのは和菓子**です。

和菓子と洋菓子を比べると、和菓子のほうがカロリーは低くなります。お饅頭1個のカロリーが約150キロカロリーであるのに対し、ショートケーキのような洋菓子になると、350キロカロリー以上はありますから、倍以上の差になります。

洋菓子のカロリーが高いのは、脂質を多く含んでいるからです。人は生存本能として、エネルギーの高いものに魅力を感じるといいます。実際においしいですから、それを選びたくなるのは当たり前かもしれません。しかし、その結果、トランス脂肪酸という健康リスクを高めてしまう脂質をたくさんとることになってしまいます。

一方の和菓子は脂質が低く、糖質だけを速やかにとるのに適しています。

甘くて満足感が得られますし、なおかつ太りにくいのです。罪悪感を持たずに堂々と食べられるスイーツですから、「筋トレの後のご褒美を楽しみに頑張ります」とおっしゃるお客様もたくさんいらっしゃいます。

また、洋菓子と同様に筋トレ後に控えていただきたいのは、アルコール類です。トレーニング後のビールは格別という方もいるでしょうが、筋トレ直後は筋肉が疲弊している状態です。早く栄養を筋肉に回していきたいのですが、アルコールを飲むと、その解毒に栄養が奪われて筋肉に回らなくなってしまうのです。

筋トレをしてもなかなか効果が出ないという方は、筋トレ後の飲食物を見直してみてください。洋菓子やお酒に手を伸ばしている方は要注意です。

「炭水化物抜き」はトレーニング効果を帳消しにする

筋肉に必要な3大栄養素は、タンパク質、炭水化物（糖質）、ビタミンB群です。タンパク質は筋肉を作る材料になり、糖質は筋肉を作る時のエネルギー源であり、ビタミンB群はタンパク質や糖質のエネルギー代謝をサポートする役割を担っています。「筋肉といえば、タンパク質」と思われがちですが、タンパク質だけ摂取しても筋肉はつきません。糖質やビタミンなどをバランスよくとることが大切なのです。

本書の中でもすでにお伝えしていますが、過度な糖質制限はダイエットには逆効果になります。糖質は脳や体を動かすためのエネルギー源でもあるため、糖質が不足すると、脳が筋肉のタンパク質を分解してエネルギーに変えようとするのです。筋肉量が減れば基礎代謝も落ちてしまいます。本当は筋肉量を増やして基礎代謝を上げたいのに、トレーニングを行うエネルギーを得るために筋肉を分解するような事態になっては本末転倒でしょう。

糖質を制限する場合は、エネルギー源となる脂質をとる必要があります。しかし脂質は、タンパク質や糖質に比べると同じ重量でカロリーが2倍以上になります。とりすぎればカロリー過多になり、脂質の種類によっては健康に悪影響を及ぼす場合もあります。そのため、私のジムでは脂質を控えめにして、糖質をきちんととる方法をおすすめしています。

糖質をとるタイミングで特におすすめなのが、トレーニングの直後です。筋肉には、筋肉を動かすエネルギー（筋グリコーゲン）を蓄える器官があるのですが、普段はその器官の入口がとても狭くなっています。ところがトレーニングをすると、入口が大きく開き、エネルギーを取り込みやすくなるのです。

私のジムでおすすめする糖質のとれる食べ物は、一口羊羹です。ジムでの筋トレを1時間行ったお客様には、この羊羹を1つ食べていただくようにお話しします。羊羹の材料や大きさにもよりますが、大体1個当たりの重さが50～60グラム、糖質量は30～40グラム前後のものが多いので、これを一つの目安にしていただくといいと思います。筋トレの時間が1時間より長い方はもう少し糖質量の多いもの、筋トレの時間がもっと短い方は羊羹よりも糖質量の少ないもの、あるいは量を減らして食べるようにしましょう。

大事なポイントは、純粋に「糖質」をとることです。羊羹でなくてもいいのですが、**脂質がほとんど使われていない和菓子を選びましょう**。羊羹より甘さ控えめな洋菓子であったとしても、生クリームやバターが使われている場合は脂質が多く含まれてカロリーが高くなります。和菓子より洋菓子が好きという方も、ここでは和菓子を選んでいただきたいと思います。それに、筋トレ直後の体は糖質を欲していますから、普段よりも和菓子がおいしく感じられるはずです。

コンビニやスーパーの和菓子は、ほとんどのパッケージにカロリーや糖質、脂質の量が表記されています。気になるものをチェックして、自分のお気に入りのご褒美を見つけるのもいいかもしれません。

体にいい油も、とりすぎれば敵になる

糖質をしっかりとるためには、脂質の量は控えめにする必要があります。それだけに、**限られた量の中でいかに良質な脂質をとるか**が重要になってきます。

一口に脂質といってもさまざまな種類があります。大きくは、常温で固まる「飽和脂肪酸」と、常温では固まらない「不飽和脂肪酸」の2種類があります。

飽和脂肪酸は、バターや牛乳といった乳製品やラード、肉類などに多く含まれています。

一方の不飽和脂肪酸は、魚や植物油などに多く含まれています。

私たちが日常に取り入れていきたい脂質は、**不飽和脂肪酸の中のオメガ3系とオメガ6系**の脂肪酸です。どちらも体内で作り出すことができない脂肪酸で、「必須脂肪酸」と呼ばれています。

●オメガ3系

オメガ3系の代表的な脂肪酸には、α-リノレン酸、DHA・EPAがあります。オメ

ガ3系の脂肪酸は、血液をサラサラにし、中性脂肪や血圧を下げる働きがあるといわれており、糖尿病、心臓病、脳卒中などの生活習慣病の予防効果が期待されています。

オメガ3系の脂肪酸を多く含む食品

α-リノレン酸（エゴマ油、しそ油、亜麻仁油、菜種油など）
DHA・EPA（まぐろ、さば、さんまなど）

●オメガ6系

オメガ6系の代表的な脂肪酸には、リノール酸、γ-リノレン酸、アラキドン酸がありますが。オメガ6系の脂肪酸は、血中のコレステロール値を下げる働きがあるといわれています。動脈硬化の予防やアレルギー症状の緩和、認知機能の改善などの効果が期待されています。

オメガ6系の脂肪酸を多く含む食品

リノール酸（大豆油、コーン油、胡麻油、サフラワー油など）

γ-リノレン酸（母乳、月見草油など）
アラキドン酸（卵、レバーなど）

オメガ6系とオメガ3系は、どちらも私たちの体に欠かせない脂肪酸です。ただし、今の日本人の食生活では、オメガ3脂肪酸の摂取量が足らず、オメガ6系の摂取量が多すぎるという状況になっています。

オメガ6系の脂肪酸は、スナック菓子やインスタント食品、市販のお惣菜などにも多く使われています。そのため、知らず知らずのうちにオメガ6系ばかりをとっている可能性があるのです。

オメガ6系は適量なら健康維持に貢献してくれますが、過剰にとると善玉コレステロールが減少し、動脈硬化のリスクが高まるといわれています。同じ脂質を摂取するなら、オメガ3系の脂肪酸をとるようにしたいものですね。

ちなみに、不飽和脂肪酸には、オメガ3系、オメガ6系以外にオメガ9系、トランス脂肪酸という種類があります。

オメガ9系は、主にオレイン酸という脂肪酸で、悪玉コレステロールを抑える働きがあるといわれています。身近な食品では、オリーブオイルや紅花油、菜種油などに多く含まれています。ただし、オメガ3系やオメガ6系の脂肪酸と異なり、オメガ9系は体内でも作り出すことのできる脂肪酸ですから、とりすぎには注意が必要です。

トランス脂肪酸は、マーガリン、ショートニング、そして、それらを使ったパンやケーキや洋菓子、揚げ物などに多く含まれます。トランス脂肪酸を含んでいる食べ物にはおいしいものが多いのですが、とりすぎると悪玉コレステロールが増加し、動脈硬化のリスクが高まります。コンビニやスーパーに行くと、揚げ物のいい匂いが店内に漂っていて食欲をそそられるのですが、食べすぎにはくれぐれも気をつけましょう。

私のジムのお客様を見ていると、脂質を上手に取り入れるようになってから、とてもきれいに痩せられている方が多いと感じています。ぜひ、体にいい油をバランスよくとることを心がけてください。

私は魚が苦手なので、代わりにフィッシュオイルのサプリメントを利用してオメガ3系の脂肪酸を補っています。サラダのドレッシングの代わりに亜麻仁油をかけるというのもおすすめの取り入れ方です。骨格タイプに合わせたトレーニングと、生活習慣のちょっとした見直しでダイエットをより上手に進めていきましょう。

第7章

骨を正しい位置に置けば「理想の人生」が走り出す

痩せて自信がつくと、夢が3倍叶いやすくなる

私のジムを卒業されたお客様で、毎日のようにインスタグラムに自分の写真をアップしている方がいます。20キロの減量に成功し、痩せてほっそりとしたボディラインの画像に、「今の自分が大好き！」というコメントが添えられていることがよくあって、毎日を楽しく過ごしておられる様子が伝わってきます。それを見ていると、こちらまでうれしくなります。

このお客様も、ジムに通い始めたころは「自分が好き」とは、ひと言もおっしゃいませんでした。どちらかといえば自分から話をされる感じではなく、とても内気な方だと思っていたくらいです。

しかし、ダイエットを始めて体のラインがきれいになるにつれ、どんどん様子が変わっていきました。表情が明るくなり、ご自分から積極的に話しかけてこられるようになったのです。そして、ジムを卒業されるころには自信に満ちて、本当に美しく輝いていました。

最初は自分の体が好きになれず、人に見られることに抵抗感を持っている方も、ダイエ

ットで体がスリムになっていくと、「誰かに見てもらいたい。認めてほしい」という気持ちになっていきます。このお客様のようにＳＮＳで発信しないまでも、ほとんどのお客様の表情や行動が変わるのです。

いちばんわかりやすいのは、服装の変化です。最初は体型を隠すような服ばかり着ていた方が、だんだん体のラインにフィットした服を着てジムに来られるようになります。痩せて自分の体に自信が持てるようになると、これまで諦めていたファッションにも挑戦したくなるのです。自己表現の幅が広がって、表情もイキイキと輝いていきます。

お客様のこうした変化を見ていると、ダイエットは、人生をポジティブに変えていくいちばん手軽なスイッチだと実感します。

「痩せた」という成果は目で見てわかります。この成功体験がその方の自信を引き出し、人生を変えていくのです。

冒頭でご紹介したインスタグラムをアップしている方は、美容系のお店を経営されているのですが、自分の画像を発信するようになってから、お店のお客様が増えているそうです。しかも、明るくポジティブな雰囲気のお客様が多くなり、お店は以前にも増して活気があるといいます。ダイエットは、自分が予想もしていなかったところにも、恩恵をもたらしてくれるのです。

自分に自信を持つと、人生はいい方向に加速していきます。あなたの夢や目標を達成するスピードも速くなっていくはずです。今の3倍、いえ、5倍、10倍とスピードアップするかもしれません。

「骨格ポジショニングダイエット」は、誰でも、無理なく成果を実感することができるダイエット法です。この先にどんなご褒美が待っているのか、ワクワクしながらチャレンジしていただきたいと思います。

精神科に勤務し、「自信を持つこと」の大切さを知った

トレーナーの仕事を始める前、私は病院の精神科でソーシャルワーカーとして「デイケア」を担当していました。デイケアは、病院から退院された方や外から通院される方を対象とした、社会復帰を支援するグループ活動のことです。

デイケアに参加されている患者さんたちのサポートをしている時に、ふと気づいたことがありました。それは、精神科の患者さんの中には、薬の副作用で太ってしまう方が少な

ないということです。

もともと人とのコミュニケーションが苦手なのに、太ることでさらに自分に自信がなくなってしまう……。そんな患者さんたちに何かできないかと考えた末に始めたのが、ダイエットプログラムでした。

とはいえ、デイケアでダイエットプログラムを組むなんて、前例がありません。トレーナーになる前の話ですから、私自身にもダイエットの専門的な知識はありませんでした。でも、このプログラムはきっと患者さんたちの役に立つと考え、独学で一から作っていくことにしたのです。

それに、このダイエットプログラムには大きな狙いがありました。目標はもちろん痩せることですが、自分で立てた目標をクリアする経験を通し、達成感を味わってもらいたいと考えたのです。

「ダイエットでどんな自分になりたいのか」を考え、具体的な目標を立てることは、前向きに努力する動機になります。しかも、病気の投薬治療は効果が実感できるまでに時間がかかったとしても、ダイエットの成果はすぐにわかるのです。

精神科の患者さんには自己肯定感が低く、ものごとに消極的な方が少なくありません。

そのため、達成感を味わう機会も減ってしまいます。だからこそ、ダイエットで成果を出し、達成感を味わうことで自信を取り戻してほしかったのです。

この時のダイエットプログラムはエクササイズのDVDに少し手を加えた程度の内容で、今思えば、もっと効率的な体の動かし方もたくさんありました。それでもグループみんなでチャレンジしていると、「体重が1キロ減った」「ウエストが3センチ細くなった」と痩せる患者さんがだんだん増えていきました。

成果が出ると、それが自信につながります。患者さんたちの表情にも変化が表れ、グループの雰囲気が明るくなっていきました。患者さんのうれしそうな顔を見ていると、薬物療法だけでなく、ダイエットも治療法の選択肢になるのではないかとさえ思えたほどです。

精神科にはいろいろな患者さんがいらっしゃるので一概にはいえませんが、うつ病の方の中には完璧主義者が多いといわれています。全てに手が抜けない裏側には、「失敗したらどうしよう」「嫌われたくない」「人から悪く思われたくない」といった、ネガティブな感情があると思います。そのために自分で高いハードルを設けてしまい、それが達成できない自分を肯定できないのではないでしょうか。

「自分にもできた」と、自信が持てるようになると、自己肯定感も上がっていきます。

少しずつでもネガティブな考えをポジティブに変えていければ、人生はもっと楽しくなると思うのです。

精神科でのダイエットプログラムを通して、自信を持つことが人にとってどれほど大切かがわかりました。そして、こんなに簡単なプログラムでもみんなが喜んでくれるなら、ダイエットで悩んでいる方たちをもっとサポートできるようになりたいと考えるようになりました。この時の経験がきっかけとなって、私はパーソナルトレーナーになろうと決めたのです。

「月間売上全国1位」の裏に「スポーツ整体の専門知識」あり

そして、私は4年間精神科のソーシャルワーカーを務めたのちに、大手ジムに転職。スポーツ整体の勉強も始めました。このころは、昼は整体院の整体師として、夜は治療系ジムのパーソナルトレーナーとして働き、1000人以上のお客様のサポートを行いました。その後、別の大手ジムの場所を借りる形で、フリーのトレーナーとして独立し、そのジムのお客様の指導をすることになりました。

フリートレーナーとしてデビューした翌月、私の月間売り上げはジムの中でも全体の3位に、8カ月後には前述したとおり1位になりました。

全国で多くのジムを展開するスポーツジムですから、私のようなフリーも含めるとトレーナーは100人以上いるでしょう。その中で私が1位になれたのは、スポーツ整体を学び、治療系のジムでトレーナーとして働いた経験があったからだと思います。

治療系のジムでは、体に人工関節が入っている方や片足が欠損している方などの指導を行います。そのため、解剖学の専門知識やそこで培ったスキルは、私の大きな強みになりましたし、自信でもありました。

例えば、ちょっとしたトレーニングの方法でも、その方に合わせて細かく指導ができるのです。マニュアルどおりの、「ここを動かしましょう」という指導では効果が得られなかった方も、「お客様の場合、ここの関節が動いていないので、まず、意識して動かしていきましょう」とアドバイスをすると、ちゃんと効果が得られるようになります。ほんの少しのアドバイスの違いでも、お客様はその効き目の差を感じてくださったのです。

また、「体に関する知識では、ほかのトレーナーに負けない」という自信は、私の言動にも表れていたのでしょう。自信に満ちた態度で接する私に、頼もしさを感じてくださり、

「町田さんなら安心」とパーソナルトレーニングを申し込んでくださったのだと思います。

本章の最初にお話ししたように、自信を持つと人生はいい方向に向かっていきます。ダイエットで悩む方を一人でも多くサポートしたいという私の夢も、自分でも信じられないほどのスピードで叶えられていったのです。

ずっと続けられるダイエット

私のジムに来られる方の大半は「万年ダイエッター」であり、あれこれとダイエット法を試しては諦めることを繰り返してこられた「ダイエットジプシー」の方たちです。

なぜこのような状況になるかというと、ダイエットが辛くて続かないものになっているからです。辛いことは続けられませんし、リバウンドしてしまうのも当然です。そして、リバウンドしたからまたダイエットをするのでは単なる対処療法になってしまいます。

ダイエットが辛くなるのは、やり方を間違えていたり、もっと効率のいいやり方があることを知らなかったりという場合がほとんどです。しかも、実践している方法に確信が持てず、「この方法で本当に痩せられるの？」「もしかして、私のやり方が間違っているから痩せないの？」と不安を抱えながらでは、ダイエットの継続はさらに辛いものになってしまうでしょう。

私は、この流れを止めたいのです。

続けられないダイエットは、もはやダイエットではない——そのことを多くの方に知っていただきたいと考えています。

私がおすすめする「骨盤ポジショニングダイエット」は、自分の骨格タイプに合わせたストレッチやトレーニングで骨格を整え、日常生活での体の使い方を変えることで、消費カロリーを増やして自分の体をきれいにしていく方法です。それぞれの体の特性に配慮したダイエット法ですから、きちんと効果を得ることができます。「この方法なら確実に痩せられる」と思えば、ダイエットを続けるモチベーションも上がりますし、ダイエット方法そのものも辛くないので、継続しやすくなります。

「骨格ポジショニングダイエット」が辛くないのは、1日5分のストレッチやトレーニングでいいこと。そして、あまり食事制限をしないことです。

すでにお話ししたように、ダイエット中でも気をつけるのは悪い油を食べないようにすることくらいで、炭水化物をきちんととるように指導しています。

このようにお伝えすると、ほとんどのお客様が「えっ？　そんなに食べて、本当に大丈夫なんですか？」と驚き、「これならそんなに辛くない」とうれしそうな顔をされます。その上、きちんと効果が出るのですから、ミラクルだと感じられるお客様もいらっしゃいます。

でも私の食事指導は、皆さんの思い込みを解いているだけなのです。

「ダイエット中に炭水化物はとってはいけない」と思い込み、極端な食事制限に走る方はたくさんいます。しかし、第4章でお伝えしたように、タンパク質、脂質、炭水化物という3大栄養素は、どれも人間の体に必要な栄養素です。それぞれの理想の摂取割合がありますから、炭水化物の摂取量もそこから逸脱するのは間違いなのです。悪い油を食べないようにするというのも同じで、今の日本人には脂質をとりすぎている方が多いので、それを適正な量に戻すだけです。限られた量の油であれば、できるだけ質のいい油をとってほしいという気持ちで、このような指導をしています。

こんなふうに栄養を理想のバランスに近づけていくと、体は必要なものが足りているので、余計なものを求めなくなります。満腹の時に次に食べたいものが思いつかないように、体も自然とそうなっていくのです。

「骨格ポジショニングダイエット」に挑戦しているお客様の多くは、私の食事指導を実践されるようになって、

「そういえば、辛いって言わなくなりました」

とおっしゃいます。しかも、「ちゃんと食事をコントロールして、よりよいバランスに持っていけている」という自信から、表情も明るくなっていきます。

辛い、苦しいというネガティブワードがなくなっていくのはとてもいいことです。それに代わって楽しい、幸せといったポジティブワードが増えていけば、人生はより豊かなものになっていくはずです。

もっともっとダイエットを楽しんでいきましょう！

リバウンドしたとき、どうすればいい？

ダイエットには短期と長期のパターンがあります。人によっては、「来月、10年ぶりの同窓会がある」とか、「3カ月後の結婚式に向けて痩せたい」など、「いつまでに、こんな体になりたい！」という目標設定をしている方もいますから。短期で体を変えるというの

も大事だと思います。

ただし、ほんの1、2カ月で体型を変えて、「はい、痩せたから終わりです」ではないと思うのです。私は、ダイエットをされる方には、体を変え、そこで自信をつけて、人生そのものを変えてほしいと考えています。

表情が豊かになったり、おしゃれが楽しめたり、友だちと会う機会が増えたり。今まで内側に秘めていたものを、どんどん外に出して、よりポジティブな人生を送っていただくことを願っています。ですから、短期の目標だけでなく、長期の目標を持って無理なく継続していただきたいのです。

もちろん、時にはやめたいことがあると思いますし、その後にリバウンドすることもあるかもしれません。実際、私のお客様の中にも、ジムを卒業された後でリバウンドしたという方はいらっしゃいます。

たまにお話しすると、「先生に合わせる顔がありません」などと言う方もいるのですが、そういう方にも「リバンドしても、自分を責めないでください」とお伝えしています。そして、「あれだけ体型を変えられたのですから、○○さんはできる力をお持ちです。本当は、それだけでも素晴らしいことですよ」とお話しすると、リバウンドされたお客様も、

第7章

やる気のスイッチが入ります。

「私はなぜ痩せたかったんだっけ？」「なんのためにジムに通おうと思ったんだっけ？」とダイエットに挑戦した動機を思い出し、もう一度頑張ろうという気持ちになるのです。

ダイエットに挑戦される方には、定期的に自分の目標を振り返ることをおすすめします。私はこれを「セルフカウンセリング」と呼んでいるのですが、月に一度でも、年に一度でも、**ダイエットをしたいと思った動機を再確認する**とダイエットを継続しやすくなります。

もし途中でやめていた場合は、セルフカウンセリングが再開のきっかけにもなるでしょう。

ダイエットをする際は、短期だけでなく、長期で取り組むことも考えてみてください。一度やる気のスイッチが切れても、スイッチを入れ直せばいいだけです。辛くない、続けやすいダイエット法なら、抵抗なく再開することができるでしょう。

「自信」と「意識」が出会いを呼んで、人生が花開く

「引き寄せの法則」という言葉をご存じの方も多いと思います。自分が信じたり、望んだりしていることが現実になりやすいという考え方で、スピリチュアルな分野でよく使わ

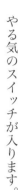

れたりしますよね。

私自身、この法則は本当にあると思っています。自分に自信がない方は、普段から考え方がネガティブになりがちです。例えば、「きれいになったよね」と褒められても、「どうせお世辞でしょ」と素直に受け取れず、「私なんて褒められるはずない」と諦めてしまうことが多くなります。ネガティブな感情がさらにネガティブを呼んで、日常生活のありとあらゆるものが楽しくなくなってしまいます。

では反対に、人生がうまくいっている方たちはどうでしょうか。ネガティブな考え方とは全然違うと思います。褒められれば「ありがとう」と素直に感謝して、反対に相手のよい部分を褒めるでしょう。ポジティブな感情がポジティブを呼び、人生がより楽しくなっていくと思うのです。

私自身、自分でジムを経営するようになって、そのことを実感しています。

昔の私は、とても愚痴っぽかったと思います。仕事や人間関係のことでいつも不平不満を言っていました。でも、自分が経営者となり、ほかの経営者の方たちと出会うようになって、自分がネガティブ思考だったと思い知らされました。

私が出会った経営者の方たちは、皆さん志が高く、自己を高める努力をされています。

こうした方々とご一緒させていただくことで、私自身の考え方も前向きに変わっていきました。ネガティブな言葉をだんだん言わなくなり、人間関係にも変化が現れました。自分がネガティブなことを言わなくなると、ネガティブなことを言う人たちとだんだん距離ができ、自然とお付き合いをしなくなっていくのです。そして、仕事でもとてもいいお話をいただけるようになりました。

今はとても充実した人生を送っていますし、これからもポジティブに、よりよい人生を送っていきたいと思います。

もし、あなたが自分はネガティブ思考だと感じているなら、ぜひ、「骨盤ポジショニングダイエット」でダイエットを成功させ、自分に自信をつけてください。

成功体験を積んで気持ちが前向きになると、ネガティブな言葉が減ってポジティブな言葉が増えていきます。出会いが変わり、同じように前向きな方たちとお付き合いをするようになります。ポジティブがポジティブを呼び、あなたの人生はさらに輝いていくはずです。

「健康人生100年時代」でなければ意味がない

WHO（世界保健機関）が発表した2019年の「平均寿命」の世界ランキングでは、日本は84・3歳で第1位でした。また、同様に「健康寿命」のランキングを見ると、こちらは74・1歳で、やはり世界第1位です。しかし、一方で、平均寿命と健康寿命の差を調べてみると、日本の順位は10・2歳で33位まで落ちてしまいます。

平均寿命は、0歳からの平均余命を示すもので、健康寿命は、健康で日常生活が制限されずに生活できる期間を示しています。つまり、その差が大きいということは、健康ではない状態で生きている期間が長いということになります。

政府などが日本の長寿社会の将来を見据えて、「人生100年時代」などと表現しています。同じ長生きをするなら、自分の足でしっかり歩き、自分の歯でものを食べ、健康な状態で過ごしたいものですよね。

私の祖父は94歳、祖母は92歳で、おかげさまで二人ともめちゃくちゃ元気です。自分の足でしっかり歩くし、祖父は自転車で地域のパトロールをするのが日課です。あまりに元気で、街から「元気で長生きな人」として表彰されたほどです。

この二人が健康のために何をしているかというと、実は、毎朝のラジオ体操を続けているだけです。私が物心ついたころにはもうやっていましたから、少なくとも35年くらいは続けていることになります。ラジオ体操は、きちんと体を動かそうと思うと結構大変ですから、絶対にこれが健康にいい影響を与えていると思います。

やはり、日常生活の中に運動を取り入れることは、とても大切だと思います。ラジオ体操に参加されるなら、それもいいと思います。朝に時間がないという方は、本書でご紹介している5分間のトレーニングをするだけでも全然違うと思います。たった5分でも365日続ければ、相当な運動時間になります。先ほど、ダイエットの目標には短期と長期があるといいましたが、人生を全うするまで、健康で元気に過ごすこと。これが究極の長期目標かもしれませんね。

要介護や寝たきり予防の情報の中に、よく「ロコモティブシンドローム」という言葉が出てきます。ロコモティブシンドロームは、加齢や運動器（筋肉や関節、骨などの体を動かすための組織や器官）の障害によって立つ、歩くといった移動能力が低下した状態のことをいいます。進行すると要介護や寝たきりのリスクが高くなりますから、進行を予防することが大切です。

あなたのロコモティブシンドロームの兆しを調べるチェック項目を用意しました。

あなたは、いくつ当てはまるでしょうか？

〈ロコチェック〉

□片脚立ちで靴下が履けない
□家の中でつまずいたり、滑ったりする
□階段を上がるのに手すりが必要である
□やや重い物を持つ仕事が困難である（掃除機の使用、布団の上げ下ろしなど）
□2キロ程度の買い物をして持ち帰るのが困難である（1リットルの牛乳パック2個程度）
□15分くらい続けて歩くことができない
□横断歩道を青信号で渡りきれない

「私はまだ若いから大丈夫」という方もいるでしょうが、若くても「片脚立ちで靴下がはけなかった」という方もいます。また、以前はできていたけれど、改めてやってみるとできなかったということもあります。

ぜひ、年齢に関係なく挑戦していただきたいと思います。もしも、当てはまる項目があった場合には、本書で紹介しているトレーニングを始めましょう。筋肉がしっかりつけば、状態を改善することも可能です。

健康を害したら、どんなにお金持ちでも「幸せは半減」

どんなお金持ちでも、健康でなければ思うように生活することが難しくなります。好きな場所に出かけたり、好きなものを食べたりすることもできなくなるでしょう。健康をお金で買い戻すことはできないのです。

私も含め、健康な時にはそれが当たり前になってしまい、そのありがたみに気づかないものですよね。

私の父は、私が高校2年の時に大病を患って右半身麻痺となり、以後は車椅子生活になりました。父は教員で、教頭試験に受かったところでした。しかし、このような状況になったため、教頭先生になることを諦めざるを得ませんでした。とても辛かっただろうと思います。そんな父を見ていただけに、私は、トレーナーの中でも特に健康にうるさいほうかもしれません。

病気になる原因はさまざまですが、やはり運動・食事・休養はとても大事だと思います。大抵の方は、運動が足りず、食事のバランスが崩れています。また、ストレスを溜めていたり、睡眠不足だったり、しっかり休養が取れていないという方も多いのではないでしょうか。

でも、足りないとわかっていても、ほとんどの方はそのまま進んでしまいます。そして、病気になった時に、「あの時、ああしておけばよかった」と後悔する。これは私自身も含め、反省しなければいけない点だと思うのです。

「今は健康だから大丈夫」ではなくて、元気なうちから備えておくことが重要だと思います。私自身、年1回は人間ドックで体の状態を調べるようにしています。

今年の血液検査では、肝臓の数値が少し悪くなっていました。「普段から普通の人よりは運動をしているから、悪いものなど出るはずがない」と高を括っていたらこの結果で、正直ショックでした。

以来2カ月間、家ではお酒を飲まない生活を続けています。たまに誘われて外で飲んだりはしますが、それ以外は飲みません。すると、体が少し楽になったと感じるようになりました。禁酒前は気づかなかったですが、肝臓を休めたことで、その時の自分がベストな状態でなかったことがわかったのです。それだけでも、禁酒をした甲斐がありました。

世の中がどれほど便利になっても、健康に代われるものはないと思います。健康を害してから後悔するのではなく、健康を維持していくためにできることから始めましょう。忙しい毎日を過ごしていると、後回しにしがちですが、将来の自分に投資することも必要だと思います。

運動習慣がない人こそチャンスです

スポーツ庁が発表した「令和4年度 体力・運動能力調査」によると、40代女性の体力が低下傾向にあります。また、運動やスポーツの実施頻度については、「1週間に1日未満」で時間は「30分未満」という人の割合が54％と過半数を超えていました。

その理由について、テレビでは専門家の分析として、40代の女性は仕事や育児、家事などで忙しく、また、運動する場所も整っていないという見解が紹介されていました。

運動したほうがいいとわかっていても、なかなかきっかけがつかめない。そういう方は多いと思います。しかし、本書でご紹介してきた「骨格ポジショニングダイエット」は、自分の骨格に合ったストレッチとトレーニングをするだけで、体を整え、筋肉を鍛えることができますし、時間も1日5分です。しかも、続けることで体をラク痩せ体質に変えていくことができるのですから、運動習慣のない方にこそ、ぜひ試していただきたい方法だと思っています。

今はさまざまな情報があらゆるところに溢れています。スマホで検索すれば、プロ・アマ問わずいろいろな人がストレッチやトレーニングを動画で紹介しています。ただし、本書の中ですでにお伝えしたように、効果が得られるかどうかは定かではないのです。

スポーツ整体で解剖学の知識を学んだ私から見ると、「その理屈はちょっとおかしい」「体の仕組みを考えると無理がある」「その方法はむしろ逆効果だろう」という指導も少なくありません。

間違った方法を実践して「効果が出ないのは私の我慢が足りないからだ」と、辛い思いをしている方がいると思うほど、早く「骨格ポジショニングダイエット」のことを知っていただきたい、広めていきたいという気持ちになります。このダイエット法なら簡単に始められ、ちゃんと効果が得られます。自分の体に効いている実感があれば、やっているうちにだんだん楽しくなってくるはずです。日常生活の中でちょっと筋肉を意識していくことで、あなたの体は今よりもっときれいに変わっていくのです。

人はなぜか、苦労しないと幸せが手に入らないと考えてしまう節があります。ダイエットも、辛いことをしないと効果が出ないと思い込んでいるのです。そんなに自分に厳しくしなくてもいいのです。もっと欲張りになって、ラクをしながら、健康できれいな体を手に入れて、あなたが思い描く「理想の人生」を歩んでいきましょう。

あとがき

最後までお読みいただき、ありがとうございます。

世の中にダイエットの本はたくさんありますが、私のような経歴の著者はおそらくいないでしょう。

病院の精神科で働いて、その後は治療系のジムで体に欠損のある方のトレーナーを経験。医療の知識を持ちながら、今はダイエットを指導するトレーナーとして活動しているのですから。ただし、今の仕事ができるのは、これらの経験があったからです。関わってくださった全ての方に感謝しています。

人は自信を持つと、どんどんきれいになっていきます。

そのことを私は精神科のデイケアの皆さんの変化で確信しました。食事療法やトレーニングのテクニックだけでなく、メンタル面を大切に考えるのは、ここでの経験があったからです。

そして、その人に合った適切な方法でなければ、ダイエットの効果が得られにくいことは、スポーツ整体の知識や、ジムでたくさんのお客様を指導させていただいたおかげでわかったことでした。

結局のところ、これまでの経験とさまざまな方々との出会いが現在の仕事の基になっており、そうして今に至っているのかもしれません。

もちろん、私の人生はここまで全てが順調だったわけではなく、悩んだり迷ったりしたこともあります。落ち込んで愚痴ったこともありました。それでも続けることができたのは、私には人生の大きな目標があったからです。

私のゴールは、自分が思い悩んでいた時に支えてくれた家族や友人に恩返しをすることです。なんとしても達成したいゴールなので、途中で諦めることはありません。ゴールに到達する日を夢見て、楽しく頑張る毎日です。

あなたも、自分だけの達成したいゴールを考えてみてください。本書はダイエットの本ですが、ダイエットはあくまでも理想の人生を作っていくためのステップなのです。

あなたが思い描く理想の人生はどんなものですか？

どんな夢がありますか？

ゴールを思い描いたら、「骨格ポジショニングダイエット」で自信をつけ、人生の舵をよりポジティブな方向に切っていきましょう。
あなたのこれからの未来がキラキラ輝き、より素敵な人生を送られることを心より願っています。

町田洋祐

2024年3月

読者限定
無料特典

全骨格タイプに対応！
「門外不出・ふくらはぎセルフケア動画」
プレゼント

・血流改善による脂肪燃焼促進
・浮腫の予防
・脚のラインがスッキリ
・筋膜リリースによる爽快感

これらの効果が期待できます。

※各種、イベント情報・お得情報・ダイエットノウハウなども不定期配信いたします。

公式ＬＩＮＥにご登録いただき、チャットでキャンペーンコードの数字４桁『３５８０』をご入力ください。

３５８０とご入力すると、購入者特典のセルフケア動画がプレゼントされます。

●著者プロフィール

町田洋祐（まちだ・ようすけ）

ドリーメイク株式会社代表取締役／
パーソナルジム「ヂルチ」運営

1987年生まれ。2008年、大学卒業後、精神科にて精神科ソーシャルワーカーとして勤務開始。
2013年　大手ジム・ティップネスに転職。スポーツ整体を学び、昼は整体院やリラクゼーションサロン、夜はパーソナルジムで働き、1000人以上のお客様のサポートを行う。
2016年　スポーツジム「メガロス相模大野」の場所を借りる形でフリーのトレーナーとして独立。わずか8カ月で、全国のパーソナルトレーナーの中で「月間売上1位（メガロス内）」を達成し、年間1200セッションを行う。同年、パーソナルジム「ヂルチ」を設立。「骨格ポジショニングダイエット」を確立し、このメソッドで多数の顧客の「驚異的なダイエット」を実現する。
2018年　NPCJ（現APF）フィットネスモデル3位。トレーナー育成事業開始。キックボクシングやプロアスリート5名とサポート契約（ヂルチ内）。
2019年　フィットネスグッズブランド・STEADY FITNESSの公式アンバサダー就任。
2020年　ヂルチ中央林間店、ヂルチ海老名2号店出店。
2022年　リディアダンスアカデミー海老名校設立。
2023年　ヂルチ福岡姪浜店、ヂルチ川崎6GYM店出店。
2024年　オンラインジム開設。現在、50代のプロゴルファーなどにもトレーニング指導を行う。

企画協力　潮凪洋介（HEARTLAND.Inc）
編集協力　浅井千春　吉田孝之
装　　幀　ごぼうデザイン事務所
組　　版　GALLAP
イラスト　Maman2626
撮　　影　「夢出版」プロジェクト　田村尚行
モ デ ル　室屋しおり
校　　正　五十嵐きよみ

自分のタイプを知って無理なく最速痩せ！リバウンドもゼロ！

骨格ポジショニングダイエット

2024年6月20日　第1刷発行

著　者　　町田洋祐
発行者　　松本　威
発　行　　合同フォレスト株式会社
郵便番号 184 - 0001
東京都小金井市関野町 1 - 6 - 10
電話 042（401）2939　FAX 042（401）2931
振替 00170 - 4 - 324578
ホームページ　https://www.godo-forest.co.jp/
発　売　　合同出版株式会社
郵便番号 184 - 0001
東京都小金井市関野町 1 - 6 - 10
電話 042（401）2930　FAX 042（401）2931
印刷・製本　モリモト印刷株式会社

ISBN 978-4-7726-6257-4　NDC 498　188 × 130

合同フォレストのホームページはこちらから ➡
小社の新着情報がご覧いただけます。